LANDES ET BRUYÈRES.

ESSAI

SUR LA

QUESTION DE DÉFRICHEMENT

DES

LANDES ET BRUYÈRES

ET

SUR DIVERSES AMÉLIORATIONS,

PAR

M. R. BONJEAN

CONSEILLER A LA COUR D'APPEL DE LIÉGE, EX-PROCUREUR DU ROI
A MARCHE, ET EX VICE-PRÉSIDENT DU CONSEIL PROVINCIAL
DU LUXEMBOURG.

LIÉGE
TYPOGRAPHIE DE FÉLIX OUDART
éditeur de la *Revue de Liége*.
1845

A

Sa Majesté le Roi des Belges.

SIRE!

En visitant la province de Luxembourg, Votre Majesté a su reconnaître l'immense étendue de ses landes improductives, et la nécessité de leur donner une valeur — ce voyage, qui a répandu une joie vive et sincère au milieu de toutes ces populations, a été considéré comme le présage de nouvelles améliorations — La question de défrichement, dont la solution aura une influence majeure sur l'avenir de cette province, a été soulevée: elle mérite, par son importance, un examen sérieux et approfondi.

Luxembourgeois, j'ai tenté un modeste essai, que j'ai l'honneur de soumettre à la Haute appréciation de Votre Majesté — trop heureux, si mes faibles efforts pouvaient jetter quelques lumières dans une question, qui touche à de si nombreux intérêts!!.

SIRE! que Votre Majesté daigne agréer l'hommage du plus profond respect et du plus sincère dévouement de celui qui a l'honneur d'être

de votre Majesté,

Le très fidèle serviteur,
R. BONJEAN.

LIÉGE, LE 25 MAI 1845.

§ 1er.

CONSIDÉRATIONS GÉNÉRALES.

Elle est grande, la pensée de l'homme d'état, qui tend à conquérir à la production le douzième environ de la superficie de la Belgique...

Ils seraient immenses, les avantages que présenterait la fertilisation de ces vastes landes, incultes depuis tant de siècles...

La question de défrichement mérite, par son importance, de fixer l'attention du gouvernement, des différents pouvoirs, et même de tout citoyen; de graves et nombreux intérêts sont en présence : on doit chercher à les concilier, et à leur accorder une part équitable, sans blesser aucun droit, aucune nécessité.

La province de Luxembourg est partie dans ce débat : Luxembourgeois, je tente un modeste essai.

Le territoire du Luxembourg présente une superficie de 442,000 hectares.

Les bruyères, fanges et terrains vagues occupent	94,000 hectares.
Les terrains essartés	38,000
Les broussailles et marais	4,034
TOTAL.	136,034

Ces landes servent, en général, au paturage, qui consiste principalement en bruyères, mêlées de mousse et de lichens, formant des gazons épais, couverts d'une herbe chétive et rare. Les bêtes à laine y trouvent une assez bonne nourriture. Les bêtes à cornes au contraire n'y trouvent qu'une nourriture maigre, insuffisante. Elles ne mangent que les jeunes et tendres jets de la première pousse des bruyères — aussi ces bêtes à cornes sont-elles de très-petite taille — ne donnant que peu de lait, et trop souvent de qualité inférieure.

Ces bruyères sont aussi destinées à la litière, qui est d'une grande importance, parce que ce bétail y est nombreux et forme une source principale de richesse : les fourrages sont rares, et la paille lui sert de nourriture.

L'essartage, opération qui consiste à enlever les gazons

pour être brûlés, donne deux récoltes l'une en seigle, l'autre en avoine—Le bénéfice médiocre, qu'il procure , est hors de proportion avec les frais de culture et les travaux pénibles du cultivateur—Le préjudice que cause l'essartage est immense : après cet effort, la végétation est nulle, et le sol rendu improductif pour un quart de siècle!

Les marais fournissent la tourbe, employée pour le chauffage : la tourbe est une ressource nécessaire pour plusieurs localités. Il serait urgent de poser des règles pour son extraction : le mode suivi est très-vicieux, en ce qu'on perce la surface d'une quantité de trous plus ou moins profonds, qui se remplissent d'eaux stagnantes. Une exploitation régulière et uniforme assurerait la conservation et l'augmentation de ce produit.

La richesse publique est puissamment intéressée à ce que ces terrains fournissent leur contingent d'utilité. La culture des parcelles d'égale et souvent de plus mauvaise qualité, qui avoisinent les habitations, l'abondance de leurs produits divers, prouvent que l'on peut exiger partout des productions relatives, capables d'indemniser largement celui qui y appliquerait avec intelligence ses soins et des capitaux. On est frappé d'étonnement quand on n'aperçoit, à côté de ces belles récoltes, que des landes étendues, arides, sans végétation — et néanmoins le sol — sa position — le climat — tout est le même. Pourquoi cette différence ? d'un côté le bras de l'homme, les engrais, une culture raisonnée ont été employés — de l'autre..... rien — que l'on recoure aux mêmes procédés, et les mêmes résultats seront obtenus. On parle d'exemple, d'expérimentation, et tout est là, réuni, visible, à proximité des habitations.

Cette immense étendue territoriale est insuffisante pour élever le Luxembourg au niveau des autres provinces, — l'argent y est rare, excessivement rare — nulle part, ces centres de population, d'industrie, de commerce — nulle part, ces grands établissements, qui, en fournissant des moyens nombreux d'existence, répandent partout les capitaux, l'aisance... Dans le Luxembourg aussi, la moralité existe à un haut degré — à côté d'une misère déplorable, règnent l'ordre, l'esprit d'économie, l'attachement à la famille, et tous les liens sacrés. — Placé au milieu d'un sol ingrat, dans une température froide, le Luxembourgeois doit et sait endurer toutes les privations — chercher, à la sueur de son front, une nourriture chétive — alimenter et entretenir une famille robuste, toujours nombreuse, élevée, pêle-mêle, dans des cabanes, trop souvent humides, malsaines — Il supporte tout avec courage, résignation — Pour lui le sol, le bétail forment sa richesse principale, unique même pour le plus grand nombre — Tirer parti de ce sol à son profit, provoquer les capitaux — favoriser la population — c'est améliorer sa position, augmenter le bien-être de la province, et donner l'élan à la prospérité publique.

---

§ II.

LÉGISTION ANTÉRIEURE — ORIGINE ET PROPRIÉTÉ DES TERRES VAINES ET VAGUES — PARTAGE — DÉFRICHEMENTS.

Par la nature même des choses, un terrain stérile, inoccupé, vacant, n'appartient à personne — mais, quoiqu'inoccupé, ce sol est soumis à la puissance publique, qui domine sur le territoire, dont il fait partie.

De là, le principe, qui, dans le droit romain, faisait considérer les terres vaines et vagues, comme appartenant à l'Empereur — qui, pendant les premiers siècles de la monarchie française, les fit considérer comme appartenant au Roi — qui, ensuite, sous le régime féodal où la souveraineté fut divisée en une multitude de seigneuries particulières, fit attribuer ces terres soit au Roi, soit aux Seigneurs locaux exerçant dans leur territoire une partie plus ou moins grande de l'autorité publique.

Dans d'autres temps encore, des terres furent données, par le droit de conquête, en récompense de services militaires : de là, l'origine des Baronies, des Duchés, des Comtés, etc., leur possession ne reposait que sur la violence.

Il était juste, équitable, d'attribuer les terres vaines et vagues aux aggrégations d'habitants dans le voisinage desquels ces terrains étaient situés—Ils étaient dans l'usage d'y envoyer leur bétail, de profiter de leurs produits, et, dès les temps les plus reculés, ils en avaient pris une sorte de possession—Le Prince et les Seigneurs, n'ayant jamais cherché à les utiliser pour leur propre compte, étaient censés en avoir fait l'abandon.

Telle fut la pensée de plusieurs publicistes — et, elle fut réalisée par les lois subséquentes :

Le décret du 15 avril 1791 statua, que les ci-devant seigneurs ne pourraient plus s'emparer des terres vaines et vagues, dont ils n'auraient pas pris une possession publique, avant le 4 août 1789.

Celui du 28 août 1792 ajouta que ces terres étaient *censées* appartenir *de plein droit* aux communes, à défaut de preuve écrite d'une propriété contraire.

Celui du 10 juin 1793 déclara, plus positivement encore, que ces terres sont et appartiennent, *de leur nature*, aux communes dans l'arrondissement desquelles ces terres sont situées; ce principe, si explicite, fut violé par l'exception, énoncée à l'article 12, qui porte, que celles de ces terres, qui étaient ci-devant possédées par le Domaine, par le clergé, ou par des émigrés, à quelque titre que ce soit, sont *à la nation*, et ne peuvent appartenir aux communes.

Ainsi, la convention, en apparence si généreuse, si libérale envers les communes, ne le fut toutefois qu'à la condition que le don, qu'elle leur faisait, ne pourrait, en aucune manière, rien retrancher des nombreuses confiscations, qu'elle s'était adjugées.

En combinant ces lois, il est facile de reconnaître qu'elles n'accordaient aux communes que les terrains ci-devant attribués aux *seigneurs* par les coutumes et maximes féodales, c'est-à-dire ceux qui étaient en nature de terres vaines et vagues, ou vacans et nullement ceux mis en valeur, et spontanément productifs, tels que prés et bois.

A l'égard de ceux-ci, les communes ne peuvent rien y prétendre, qu'autant que, suivant l'art. 8 de la loi du 28 août, elles prouvent les avoir anciennement possédés, et en avoir été dépouillées abusivement par leur ancien Seigneur.

Les communes, substituées par ces lois, aux anciens seigneurs dans le privilége de s'approprier les terres vaines et vagues de leur territoire, ne pouvaient les revendiquer que contre eux ou leurs ayants-cause, sauf si elles avaient été *dépouillées*, par l'effet de la puissance féodale, de terrains dont elles étaient anciennement propriétaires : — (décret interprétatif du 8 août 1793.)

Ces anciens seigneurs, ou leurs ayants-cause, ne pouvaient échapper aux effets de cette revendication qu'en prouvant 1° que ces terrains n'étaient point de la *nature* de ceux attribués aux communes par les lois de 1792 et 1793 — 2° en invoquant un titre authentique, n'émanant point de la puissance féodale, et constatant qu'ils ont légitimement *acheté* ces biens — 3° qu'au commencement de la révolution, il y avait déjà 40 ans au moins qu'ils étaient seuls possesseurs — 4° ou que la commune n'a point intenté son action dans le délai prescrit ou en déniant la qualité de Seigneur soit de la commune, soit du territoire dont le terrain en discussion fait partie — ou que la commune ne comprend pas, dans sa circonscription, le terrain réclamé ou bien que ce terrain est dans la catégorie de ceux réservés à la nation.

Ces lois étaient faites en haine de la puissance féodale, et pour en détruire les abus — et ne tendaient nullement à porter atteinte aux possessions *particulières* et paisibles : de là, les landes et bruyères, qui, à l'époque de cette révolution, étaient possédées par des particuliers, *non Seigneurs*, *n'exerçant aucune autorité féodale*, ne peuvent être l'objet d'aucune réclamation, de la part des communes, à moins qu'elles ne prouveraient par titres les avoir plus anciennement *possédées*, et qu'elles seraient encore dans le délai utile, d'après les principes du droit commun, pour intenter leur action.

C'est l'application de ce principe qui explique la non existence de terrains communaux, et *la propriété* de vastes bruyères *par les particuliers*, dans un assez grand nombre de communes de la province de Luxembourg et de Liége — ces landes portent le nom *de virées*, se divisent *en quartiers*, et se subdivisent à l'infini entre les divers habitants de la commune — l'être moral n'y a aucun droit — les habitants, propriétaires *ut singuli*, possèdent, exploitent à ce titre, jouissent, vendent et partagent selon leurs droits respectifs--Tel habitant est propriétaire de 30 à 40 hectares, restés indivis avec la masse, tel autre d'un hectare ou même moins, dont chaque fraction est éparse dans cinq ou six cantons du territoire de la même commune. Plusieurs particuliers de la même commune détiennent des livrets très-anciens, concordants, servant de titre, et qui indiquent avec soin la quotité, appartenant, dans chaque localité, à tel individu, telle branche, telle famille etc. — Ces titres privés, confiés à la bonne foi, remontent à des temps très-reculés, passent de mains en mains sans altération, et ne donnent lieu ni à procès ni à réclamation — toujours les habitants sont d'accord sur leur quotité respective, sur le mode de jouissance, les lots etc.—Ces droits s'étendent aussi sur une assez vaste partie de bois, dits *hayes*, soumis à une exploitation régulière — le paturage commun s'exerce sur tous ces biens.

La législature n'a point à s'occuper de ces propriétés *particulières*—elle doit s'en rapporter au discernement des habitants. Ils savent que la loi déclare que personne n'est tenu de rester dans l'indivision—L'unanimité dans un aussi grand nombre de personnes, directement intéressées, doit être respectée et milite en faveur du mode de jouissance, qu'elles adoptent — déjà cependant plusieurs aggrégations ont opéré le partage — ces terrains ont doublé de valeur — divisés, ils ont amené des résultats avantageux—livrés à la culture, ils ont augmenté l'aisance relative d'un chacun — cet exemple ne tardera point à être imité, et je connais plusieurs communes, dont les habitants vont aussi provoquer ce partage.

L'exécution des mesures, que la législature adoptera, quant aux biens improductifs des communes, devra exercer sur les biens de cette dernière catégorie, la plus heureuse influence.

Dans le Luxembourg, je ne sache point que la propriété des communes sur les landes, bruyères, soit de nature litigieuse — Ces terrains vagues, si étendus, sont donc, sauf de rares exceptions, leur propriété non contestable.

Ces lois de 1792 et 1793 sont des lois *politiques* : leur date, leur but, la nature et le caractère des principales dispositions en sont la preuve. Il en est quelques unes néanmoins, qui touchent indirectement à l'agriculture, et qu'il est nécessaire de rappeler :

Le *partage* de tous les terrains et usages communaux, *autres que les bois seulement,* a été décrété en principe par la loi du 14 août 1792 et le mode d'exécution, réglé par celle du 10 juin 1793. Le mot usages est ici synonime de biens-fonds.

Suivant cette loi : 1° Tous les communaux, autres que les bois, places et promenades, sont déclarés susceptibles de partage.

2° Le partage sera fait par *têtes* d'habitants domiciliés, de tout âge et de tout sexe.

3° Nul ne peut avoir droit au partage dans deux communes.

4° Chaque habitant jouira, en toute propriété, de la portion, qui lui écherra dans le partage. Il ne pourra cependant l'*aliéner* pendant *les dix premières années,* à peine de nullité de la vente.

5° Il sera délibéré, dans une assemblée générale des habitants, si le partage aurait lieu — En cas d'affirmative, trois experts devaient procéder à la division et fixation des lots, à tirer au sort.

Il devait être dressé du tout procès-verbal.

Cette loi fut le signal de troubles, de désordres, et donna lieu à de nombreuses difficultés : les habitants procédèrent eux-mêmes, et en tumulte, à la division et fixation des parts, sans dresser ni acte, ni procès-verbal; d'autres s'arrogeaient ces lots à leur choix et convenance — d'autres enfin s'emparaient, de vive force, de terrains, qui n'avaient jamais fait partie de leurs communaux et se les partageaient entr'eux, etc.

Des réclamations vives, nombreuses, éminemment fondées, s'élevèrent de toutes parts contre ces abus — Le 21 prairial an IV, intervint une loi, qui prononça la surséance à toutes actions et poursuites, résultant de l'exécution de celle de 1793, en maintenant provisoirement les possesseurs actuels dans leur jouissance.

Plusieurs partages de biens communaux ayant néanmoins été effectués régulièrement, la loi du 9 ventôse an XII, en ordonna l'exécution.

Enfin le décret du 9 brumaire an XIII, régla le mode de jouissance des communaux, non partagés.

Telles sont les dispositions principales, intervenues sur cette matière.

Je crois aussi devoir entrer dans quelques détails, relatifs à une autre branche de législation connexe, *le défrichement*: le désir de devenir propriétaire de telles landes ou bruyères a pour but d'en changer la nature, d'en améliorer le sol, d'en former des bois, des terrains ou champs productifs — Pour leur donner une valeur, on doit recourir au défrichement.

Les plus anciennes ordonnances concernent *le dessèchement des marais*: les lois des 22 novembre — 1 décembre 1790 — 23 frimaire an VII — 5 janvier 1791 et 16 septembre 1807 qui n'eut presqu'aucune suite, complettent cette législation.

Quant aux défrichements des terres incultes, une déclaration de Louis XV du 13 août 1766 portait que ceux qui défricheraient ces landes, jouiraient, pendant quinze années, à raison de ces terrains, de l'exemption de toutes *dîmes*, *tailles* et *autres impositions*, à compter du jour où ils en auront fait au greffe de la justice des lieux, la déclaration de la quantité et situation desdits terrains.

Le Parlement de Paris, en enregistrant cette ordonnance ajouta: « A la charge qu'il ne pourra être entrepris aucun défrichement, que du gré, consentement ou concession des propriétaires des terrains incultes, et des seigneurs à l'égard des terres abandonnées.

Toujours dans la vue d'encourager les défrichements, un arrêt du Conseil du 12 janvier 1773 ordonna que les baux, relatifs aux landes et terres incultes, pour plus de neuf années et jusqu'à vingt-neuf, seraient exempts des droits d'insinuation, centième denier, et autres.

Le 7 novembre 1776, parut une nouvelle déclaration interprétative des formalités et délais à observer pour les défrichements.

Indépendamment de ces réglements généraux, il en fut donné de spéciaux pour certaines provinces —

La dépêche ministérielle du 30 juin 1843 énumère les mesures sages et énergiques, prescrites sous le règne de Marie-Thérèse, par ordonnance du 25 juin 1772, pour amener le défrichement des bruyères et terrains vagues de la Campine(1).

Les encouragements et exemptions, accordées par ces déclarations et ordonnances, en faveur du défrichement, n'ont pas été révoqués : au contraire, ils ont été conservés et même étendus sous plusieurs rapports.

Ainsi, la loi sur la contribution foncière du 22 novembre — 1 décembre 1790, porte que la cotisation des terres incultes depuis 25 ans, et qui seront mises *en culture*, ne pourra être augmentée pendant les quinze premières années qui sui-

(1) Voir cette ordonnance.

vront leur défrichement, — que celle des terrains en friche depuis 25 ans, et qui seront plantés ou semés *en bois*, ne pourra être augmentée pendant les trente années suivantes — La taxe n'était que de trois deniers par arpent.

La loi du 23 frimaire an VII, encore en vigueur, prononça l'exemption, pendant dix ans, de l'imposition foncière pour les terres simplement en friche — et, pendant trente ans, pour les friches plantées en bois.

Le propriétaire qui veut jouir de ces immunités doit en faire la déclaration et remplir les autres formalités prescrites par cette loi.

Il est un autre privilége encore, concernant les terres vaines et vagues : c'est que ceux de ces terrains, qui autrefois ont pu faire partie du domaine de la couronne, et qui ont été concédés à titre d'inféodation, d'accensement ou d'arrentement, ne sont pas susceptibles d'être revendiqués par les agents du domaine, comme inaliénables de leur nature, ni passibles d'aucun droit de confirmation, ainsi que les autres sortes de terrains détachés de l'ancien domaine, et qu'on nomme communément *domaines engagés*.

En effet, ces anciennes concessions, en ce qui concerne les terres originairement vaines et vagues du domaine, ont été exceptées de toutes les révocations prononcées par les diverses lois de la révolution: (voir les lois des 1 décembre 1790 et 14 ventôse an VII). (Extraits de Guichard).

On le voit: à toutes les époques, sous tous les régimes, sous diverses formes, et par des dispositions nombreuses, on n'a cessé de provoquer, de favoriser les défrichements — De tout temps aussi, on a été et on doit être convaincu que l'intérêt public commande que ces vastes landes, ces bruyères arides soient conquises à la production — Les mesures employées jusqu'à ce jour ont été impuissantes! il faut l'avouer aussi: les unes manquaient d'énergie — les autres restaient sans exécution, ou étaient insuffisantes, ou ne se dirigeaient vers le but que par des voies détournées.... Il appartient à notre gouvernement d'atteindre ce but important; il doit vouloir, et vouloir sérieusement — une persistance prolongée, opiniâtre, jointe à une surveillance soutenue dans les mesures d'exécution, constitue une condition essentielle du succès. Déjà il a réalisé des entreprises réputées irréalisables. Toutefois que le gouvernement ne s'y trompe point: la question est soulevée et si maintenant ses essais échouent, la solution de cette difficulté sera encore renvoyée à un autre siècle!

§ III.

CAUSES QUI ONT PERPÉTUÉ, JUSQU'A NOS JOURS, L'ÉTAT D'ABANDON DES LANDES ET BRUYÈRES.

Rechercher ces causes, c'est tendre à indiquer les remèdes.

Parmi les causes principales de l'état d'abandon des landes et bruyères, nous indiquerons 1° Leur dévolution en mainmorte. 2° L'insuffisance des lois existantes. 3° Le défaut de communications. 4° L'absence des capitaux, jointe à une population très-restreinte, et au préjugé invétéré de ne pouvoir tirer de ces terrains des avantages proportionnés à la dépense.

A. Les anciens seigneurs, qui possédaient des terrains d'une étendue immense, n'ont point cherché à donner une valeur à ces landes — Les lois de la révolution, en abolissant et la féodalité et ses privilèges, ont attribué aux communes tous ces terrains vacants, en nature de terres vaines et vagues.

Les communes, en général, ont laissé ces landes dans leur état primitif.

Les habitants cultivaient çà et là quelques parcelles, abandonnées après une ou deux récoltes — Jamais ils n'ont employé d'autre engrais que celui produit en brûlant le gazon.

Inutile d'énumérer longuement des motifs : il suffit de constater par une expérience, trop longue déjà, que les communes n'ont tiré aucun parti de ces biens ; c'est là un fait puissant, qui démontre la nécessité de récourir à d'autres mesures.

Non seulement les communes n'ont donné, par elles-mêmes, aucune valeur à ces biens, mais elles n'ont même pas cherché à leur en donner une, en les livrant aux particuliers — Ceux-ci néanmoins ne peuvent y appliquer leurs soins, leurs capitaux, sans le consentement de leurs mandataires légaux — Notre système électoral, joint à l'égoïsme, rendra ce consentement plus difficile encore.

On ne peut tirer parti de ces landes, que par le défrichement — Les communes le savent — Elles ne l'ont point tenté et elles ne le tenteront jamais — A leurs frais, c'est chose impossible — Par autrui, elles ne l'ont point voulu — Il faut néanmoins sortir de cette impasse — Tant et aussi longtemps que les communes resteront propriétaires, tous ces obstacles existeront — On doit donc employer la contrainte par voie législative, et au nom de l'utilité publique, livrer ces terrains à l'activité nationale.

B. Dans l'état actuel de notre législation, ces obstacles sont insurmontables — La gestion des biens et intérêts communaux s'opère par le conseil communal, sous la tutelle du pouvoir supérieur, et en parcourant l'ordre hiérarchique — Ce conseil administre, délibère, statue; cette haute surveillance est restreinte au point de ne pouvoir imposer à la commune que des dépenses *obligatoires*, et non l'aliénation ni toutes autres mesures de gestion — A cet égard, le conseil communal *décide*, la députation permanente donne son avis — Le Roi approuve, s'il y a lieu — On ne peut forcer la main aux communes — Ces principes, consacrés par la loi, sont justes, sages, et garantissent en général les intérêts de tous : mais le vice gît dans l'exécution.

Sans doute, les communes peuvent, en vertu de la loi du 30 mars 1836, décider l'aliénation des landes, qui ne leur sont point indispensables — Et l'autorité supérieure se hâterait de donner son approbation — Tel n'est point l'avis de leurs mandataires — Ou plutôt, ils n'osent l'émettre — Il est évident que des administrateurs censés, non aveuglés par la crainte, l'égoïsme, ne doivent point hésiter à tirer parti de ces terrains — En ce cas, la loi doit venir à leur secours

— Des conseils communaux solliciteront des baux à long terme, des partages entre les habitants, mais l'aliénation, non!! Je serais désireux de connaître le nombre des communes qui, depuis 20 années, ont demandé l'autorisation de vendre une partie de leurs biens communaux...

L'intérêt communal lésé, négligé, par la force d'inertie dans l'application ou l'exécution, doit déjà paraître un motif suffisant : or, on ne peut nier que cet intérêt commande de recevoir des capitaux en compensation de terrains, qui ne procurent à la commune ni revenu, ni avantage.

Il y a plus : la propriété est un droit sacré, mais, peu importe le mode de gestion, elle doit, sans distinction aucune, subir les modifications, que l'intérêt public exige.

Les lois du 16 septembre 1807 — 8 mars 1810 et 17 avril 1835 en sont la preuve : c'est au nom de l'intérêt public, provincial et communal, qu'on peut déclarer, pour le défrichement, l'utilité publique — Sans doute, tout ce qui est d'intérêt communal est attribué aux conseils communaux, avec les restrictions que la loi détermine, mais cet intérêt, si puissant qu'il soit, est dominé lui-même par un autre principe qui autorise l'aliénation forcée, pour cause d'utilité publique — Ces deux principes, écrits dans la constitution, se combinent parfaitement : à la commune, la gestion et l'attribution des intérêts communaux, tant et aussi longtemps que l'utilité publique n'aura point été reconnue — Dans ce dernier cas, l'intérêt communal doit fléchir et reste soumis aux conséquences de ce principe général, qui atteint même les biens des établissements publics et des corporations, quoi qu'inaliénables pour leurs possesseurs.

L'utilité publique ne doit pas être restreinte à un cas spécial, ni à une nécessité absolue, inévitable ; au contraire, il est raisonnable d'admettre qu'il y a utilité, toutes les fois qu'il y a lieu de procurer au pays des avantages, des améliorations, un bien être, qui tournent au profit du plus grand nombre : Les constitutions de 1791, de 1793 et de l'an III n'autorisaient l'expropriation qu'en cas de *nécessité* publique ; les cas de *nécessité* sont plus restreints que ceux d'*utilité*, et néanmoins on appliquait cette règle, toutes les fois que l'intérêt public, tel qu'il fut, pouvait être invoqué ; il est évident, en effet, que tout ce qui est *utile* au public devient *nécessaire*.

L'intérêt de quelques établissements, d'un centre d'industrie et d'exploitation, appartenant à des particuliers, et quoique placés dans un espace étroit du royaume, se convertit souvent en intérêt public : de là, ces concessions de routes et de chemins de fer, destinés à faciliter le transport et l'écoulement de ces produits, accordées dans l'intérêt surtout de ces propriétaires.

Pour le défrichement, que d'intérêts réunis !!...

La question se réduit ainsi en une question de fait, dont la solution ne peut être douteuse — Après avoir proclamé l'utilité publique, la difficulté réside seulement dans la recherche des principes qui doivent servir de bases à la loi nouvelle : c'est ce que j'examinerai bientôt.

C. L'insuffisance des communications a trop longtemps empêché les cultivateurs de pouvoir aborder, avec les attirails de labour nécessaires, des landes incultes—Y conduire les engrais—Et aller chercher au loin la chaux, qui forme un amendement indispensable.

Il faut l'avouer néanmoins : depuis 1830, on a établi dans le Luxembourg plus de communications que depuis l'existence même de son sol — Les autres provinces de la Belgique peuvent, avec plus de raison encore, faire cet aveu — Les communes aussi ont fait des efforts louables pour améliorer la voirie vicinale — La loi du 10 avril 1841 et les réglements provinciaux intervenus, permettent d'espérer qu'au moyen d'une surveillance exigée, une ère nouvelle se présente, et que, dans un avenir prochain, toutes les communes posséderont un vaste réseau de chemins vicinaux praticables, surtout depuis que la législature y a consacré une somme plus élevée.

D. Une population de 177,664 habitants est répandue sur une étendue de 442,000 hectares — Les villages sont éloignés dans le Luxembourg — Peu populeux — Et souvent on parcourt plusieurs lieues en ne rencontrant que çà et là des hameaux, quelques maisons isolées.... Les fortunes trop restreintes, l'absence des capitaux, l'impossibilité d'en acquérir, n'ont jamais pu permettre de se livrer aux dépenses et avances de fonds, que le défrichement nécessite — Dans cette position, on n'ose tenter des essais, ni augmenter l'état de culture — On est refoulé dans un cercle restreint, qu'on améliore, sur lequel le travail, les engrais sont concentrés — Et qu'on ne peut élargir, faute de moyens.

Le préjugé injuste de ne pouvoir retirer des avantages, proportionnés à la dépense, forme aussi un obstacle sérieux — Ce préjugé, joint à l'absence des capitaux, peut seul indiquer la cause de l'abandon de vastes landes, appartenant à des *particuliers*, et que l'on remarque surtout dans les cantons de Bastogne, Sibret et Houffalize — Ces particuliers n'en retirent aucun bénéfice — J'ignore s'ils ont cherché à vendre — Si le prix était équitable — S'ils ne se sont point laissés entraîner par des exigences exagérées, que l'on remarque trop communément, surtout si des propriétaires appliquent des capitaux dans les environs — C'est ce qui a pu avoir lieu en présence d'une société, qui a récemment exposé en vente les immeubles, qu'elle possédait — Quoiqu'il en soit, c'est là un fait — Que prouve-t-il ? Que ces particuliers ne possèdent point des ressources suffisantes pour procurer une valeur à ces propriétés — Qu'ainsi un appel à des capitaux étrangers est indispensable — Cet état d'abandon n'est point dû à la stérilité du sol : c'est ce qui est démontré par les belles récoltes et les prairies dites *champs*, *patures*, qui, au moyen des engrais, donnent un foin abondant, et de bonne qualité, dans les environs de Bastogne et dans plusieurs autres parties de la province.

Qu'on applique donc à ces terrains des capitaux, et on sera largement indemnisé.

§ IV.

CES TERRAINS PEUVENT-ILS ÊTRE RENDUS PRODUCTIFS ET PAR QUELS MOYENS — Y AURAIT-IL BÉNÉFICE EN LIVRANT A LA CULTURE, OU EN BOISANT UNE PARTIE DES BRUYÈRES ?

La question pratique de défrichement ne concerne point la législature ; sa mission se borne à poser les principes, les bases de la loi et à en assurer l'exécution — On doit abandonner cette solution à l'activité, et aux soins *particuliers*, avec la conviction que ce problème aura disparu, dès que ces biens seront mis à leur disposition.

Trop incompétent, je n'entends point aborder la question pratique du défrichement — Simple observateur, je me contenterai de quelques détails :

Les landes du Luxembourg peuvent se diviser en deux grandes catégories : la 1re — et c'est la plus étendue, la moins productive — comprend les terrains schisteux, quartzeux, très-pierreux et stériles — une légère couche de terre couvre les rochers, ou le fond rocailleux du sol—Cette terre est légère, très-meuble, exposée à être desséchée par l'ardeur du soleil, qui trop souvent pénètre jusqu'au schiste— Peut-on tirer parti de ces terrains schisteux de pire qualité ?

Dans cette matière surtout, les meilleurs raisonnements, la théorie la mieux développée sont sans influence —Je citerai donc des faits : M. Vand..... de Waillet(: à une 1/2 lieue de Marche:) possédait une vaste étendue de ces terrains — Le bétail y trouvait à peine quelque nourriture après le printemps—Aux premiers rayons du soleil, l'herbe, rare et chétive avait disparu—Maintenant, on y admire, chaque année, des récoltes magnifiques en épeautre, orge, avoine, seigle, treffles, betteraves même, et navets d'une grosseur extraordinaire —Des cent mille sapins de belle venue (épicea et weymout) bordent, sur un quadruple rang, des promenades de 30 pieds de largeur ou forment des massifs.

Un cultivateur, également honorable, M. Hamoir, du Sclehy, avait acheté une quantité de terrains semblables, où, avant lui, on n'avait osé tenter le défrichement—Visitez cette propriété, et vous verrez des récoltes admirables.

Je pourrais multiplier ces exemples :

Par quels procédés ces Messieurs sont-ils parvenus à obtenir de tels résultats ? ils sont bien simples—Dans certaines parties, ils ont fait déchirer le schiste aveo des fortes charrues, attelées dedix et douze chevaux—Ce schiste, jeté à la surface, se fond — se convertit en terre — et augmente ainsi la couche végétale.

Dans d'autres parties, on enlevait toute la terre jusqu'au schiste, on la transportait sur le terrain joignant, et le sol utile s'augmentait ainsi d'une double couche — Cet enlèvement opéré sur un quart, ou au plus sur le tiers d'un hectare, suffit pour convertir le surplus en un terrain de très-bonne qualité.

Voilà tout leur secret, et ces Messieurs se font un vrai plaisir de l'expliquer —Ils démontrent par des calculs, parfaitement justifiés, que cette amélioration et ses résultats les indemnisent bientôt et largement de leurs dépenses.

Un grand nombre de petits propriétaires recourent aux mêmes moyens.

Sans doute, les engrais doivent être employés — Mais on peut obtenir, sans engrais, une première récolte, qui, abondante, fournit les pailles nécessaires pour se procurer ensuite d'autres engrais.

La partie, où ce schiste a été mis à nu par l'enlèvement de la terre, n'est pas entièrement perdue : la surface de ce schiste se mollit au soleil, par les pluies, les gelées etc. etc—Après deux années, on peut le déchirer, le remuer au moyen de la charrue—En renouvellant cette opération, surtout en février et après des pluies, on parvient à lui rendre nne nouvelle couche de terre.

On doit se demander si l'emploi de ces procédés n'est pas tellement coûteux, qu'on dut y renoncer, sauf à payer cher ces terrains : non— et leur indication doit en convaincre— Cette charrue, attelée de plusieurs chevaux, déchirera chaque jour une assez forte étendue de terrain — Cette opération s'effectue dans la saison morte — L'enlèvement de terre s'opère aussi avec facilité et vitesse — enfin, et c'est là un point essentiel, ce procédé ne se renouvelle pas — terminé, c'est tout — et vous avez acquis un terrain de bonne qualité, dont la valeur est quadruplée.

L'autre catégorie comprend ou des terrains, dont la couche de terre est profonde — meuble — froide — ou des terrains fangeux —Ceux-là sont bientôt rendus productifs au moyen de la chaux, et des engrais — ceux-ci doivent être saignés, et rechauffés aussi par la chaux—On obtiendra ainsi des belles récoltes.

La chaux donne des effets surprenants : voyez trois parcelles, qui se joignent : l'une, sans chaux, n'est couverte que de produits maigres, chétifs, sans importance— l'autre avec un peu de chaux, porte une récolte relativement supérieure

— la 3e avec cet engrais en qualité suffisante, ne laisse rien à désirer.

L'exemption du droit de barrière, accordée par la loi, a fait prospérer l'agriculture — Des progrès subits et importants ont eu lieu—Dans les époques, qui n'exigent point les travaux assidus du cultivateur, on remarque, nuit et jour, des voitures aller au loin chercher cet engrais — Le cultivateur ne dédaigne pas de faire 8 et 10 lieues avec une petite charrette, attelée de quelques bêtes à cornes—Ne pouvant ainsitransporter qu'une faible charge—il vient de Bastogne, et plus éloigné encore, se procurer de la chaux à Marche.

Grâces soient rendues à ceux qui ont provoqué cette loi! J'examinerai ultérieurement si l'on n'est pas obligé de faire d'avantage.

Il est constaté par les récoltes abondantes, qui avoisinent les habitations, que tous ces terrains peuvent devenir productifs — C'est là un fait essentiel, dominant.

Je sais que des sociétés particulières ont fait, dans le Luxembourg et notamment dans les environs de Bastogne, des essais qui n'ont pas toujours été heureux : la cause en est connue et l'insuccès était prévu, proclamé à l'avance par les habitants de nos campagnes.

Ces sociétés n'ont tenu aucun compte du sol — de sa qualité—du mode de culture—des procédés justifiés par l'usage — des produits, qu'on pouvait demander.... Elles voulaient traiter la culture de nos Ardennes, comme celle des riches contrées, habitées par les principaux associés — voulant innover, d'un bond, en tout et pour tout, leurs tentatives ont été vaines — mais dès qu'elles sont parvenues à reconnaître leur erreur — qu'elles se sont rapprochées des modes usités, en cherchant à les améliorer, la réussite a été assurée, lucrative.

Ces essais sont des leçons, des expérimentations utiles, qui démontrent ce que l'on doit imiter ou éviter.

Y aurait-il intérêt à livrer à la *culture* une partie des bruyères, ou, en d'autres termes, la dépense, eu égard aux produits, constituerait-elle une perte? :

C'est là une question importante, de la solution de laquelle dépend surtout le défrichement — sans l'augmentation de la culture, on ne peut augmenter l'élève du bétail, qui, relativement, est déjà trop nombreux — sans le bétail, on ne peut avoir des engrais — sans engrais, on doit renoncer à la culture — Pour perdre, en cultivant, il faut empêcher le défrichement, au lieu de le provoquer—ceux qui proclament cette perte, au moyen de calculs, rendent donc le défrichement impossible, désastreux, et, si leur opinion n'est point erronée, il faut abandonner tous projets, se réjouir même de ce que le défrichement n'a pas été opéré.

Remarquons d'abord que ces avis, consciencieux sans doute, sont émanés de personnes honorables, qui sollicitent le défrichement, et qui n'ont écrit que pour atteindre ce grand résultat—Je ferai la concession la plus large, et, sans contrôle, j'admets les calculs—Hâtons-nous de désigner l'erreur : 1re observation : on ne doit pas se borner à calculer les produits, eu égard à la dépense faite pour livrer à la culture tel nombre d'hectares de bruyères — Il faut surtout et principalement considérer les avantages, qui résultent de la possibilité d'élever un bétail plus nombreux, et dont les bénéfices sont dûs à cette culture — Sans elle, comment nourrir ce bétail— Ces derniers bénéfices surpassent, dans les pays de bruyères, tous les produits de la culture, parcequ'un paturage commun étendu vient à son secours — Culture et bétail sont des idées correlatives, inséparables, et leurs bénéfices ne doivent pas être divisés, mais rendus communs.

Les bénéfices du bétail sont tellement supérieurs à ceux qui résultent de la culture, que je connais des baux d'après lesquels il est convenu que les récoltes se partageraient par moitié, et le fermier s'oblige en outre à payer jusqu'à 1,200 à 1,500 francs annuellement pour jouir exclusivement des produits du bétail.

Voilà, selon moi, une erreur capitale, dont la gravité mérite d'être démontrée par des chiffres :

Le territoire du Luxembourg comprend 442,000 hectares.

Les terres cultivées de toute nature	149,303	hectares.
Les patures, bruyères	136,034	

Le surplus consiste en propriétés boisées, bâties, routes, rivières, etc., ces terres *cultivées* permettent d'élever, chaque année, selon des relevés statistiques :

Bêtes à cornes,	99,570
— à laine,	139,822
Chevaux,	19,736
Porcs,	21,481
Chèvres,	6,252
Anes,	260

Le défrichement doit s'opérer sur ces 136,034 hectares incultes — Je suppose que les 2/10 puissent être livrés à la culture, ou pour toute la province, 27,206 hectares — En suivant la même proportion, il en résultera qu'on pourra élever, *en plus*, dans le Luxembourg :

Bêtes à cornes,	18,143
— à laine,	25,479
Chevaux,	3,596
Porcs,	3,914
Chèvres,	1,206

J'évalue approximativement, et je crois être en dessous de la réalité, le bénéfice net, que procure annuellement, une bête à cornes, à 15 frs., ou eu égard *aux chiffres* posés ci-dessus : 272,145 francs.

Bête à laine à 4 frs., ou	101,916
Cheval à 30 frs., ou	107,880
Porc à 4 frs., ou	15,656
Chèvre à 2 frs., ou	2,412
	500,009

Voilà donc un revenu d'un demi million, qui proviendra de l'augmentation du nombre des têtes de bétail, rendue possible par la culture de ces 27,206 hectares, et qui nécessairement devra être calculé avec les produits de cette culture.

J'ai cité cet exemple, pour mieux rendre mon opinion, et on pourra ainsi l'appliquer au plus ou au moins — Le résultat sera le même.

La réduction des bruyères, eu égard à celles cultivées, n'aura aucune influence sur le paturage commun, si l'on prend en considération les mesures, que j'indiquerai pour l'amélioration de ce paturage. En recourant à la culture, on sera conduit à défricher des parties de bois, susceptibles d'être converties en prairies, ou en terres labourables.

2e *Observation* : Dans ces calculs, on trouve que le prix de revient est plus élevé — Sans doute, les avances, la masse d'engrais, sont plus considérables, quand il s'agit de créer, de livrer à la culture des terrains, jusque là incultes — Cela est vrai, surtout pour le premier assolement, et les produits sont moindres — Pour le 2e assolement, les frais diminuent, et les produits augmentent — Pour le 3e, c'est mieux encore, — les bénéfices commencent, et la propriété a acquis une valeur bien supérieure.

Ce qu'on oublie dans le calcul du prix de revient, c'est le prix d'acquisition, comparé avec celui des terrains des autres contrées plus favorisées — Ici le hectare coûtera 300 francs, là 3,000 et même davantage—Les produits similaires en seigle et avoine ne diffèrent point d'une manière bien tranchée — Cette différence du prix d'acquisition permet d'appliquer des engrais, et forme une diminution, qui compense des nombreux désavantages — Le Luxembourg est, pour les céréales, tributaire des autres provinces — La partie cédée, et en particulier le canton d'Osperen, fournissait le marché d'Arlon, où, de loin, on vient s'approvisionner — Namur, et l'arrondissement de Dinant fournissent Marche, St.-Hubert, et leurs environs—L'obstacle de l'éloignement est une nécessité, que l'on doit subir, et qui prouve néanmoins que l'on peut augmenter la culture des céréales, avec la certitude de livrer les produits, dans la province même—La crainte des difficultés pour l'écoulement ne doit donc préoccuper personne.

On oublie aussi que, pour les habitants de la province, qui ont une habitation et un commencement d'exploitation, ils pourront successivement augmenter leur culture sans frais notables, et ainsi sans s'imposer des sacrifices.

Il y aurait perte, en cultivant! mais voyez les cultivateurs de nos Ardennes: avec 15 à 20 hectares de culture par sole et saison, ils nourrissent 30 à 40 bêtes à cornes, et 300 à 400 bêtes à laine — Leurs bénéfices proviennent surtout de ce bétail, qui trouve sa principale nourriture dans le parcours commun, et, néanmoins sans cette culture, ce bétail ne pourrait être élevé — s'il y avait perte, depuis longtemps toute culture aurait disparu.

Ces landes peuvent-elles être boisées ? Ces forêts nombreuses que l'on admire dans les Ardennes — admirables surtout avant l'aliénation ordonnée par la loi de décembre 1827 — contiennent une réponse péremptoire — ces forêts, éparses dans toutes les parties de la province, sont évidemment placées sur un sol d'égale et souvent de dernière qualité.

Y aurait-il avantage au boisement d'une partie des bruyères?

La réponse n'est point douteuse, et nos belles forêts l'attestent, —les cantons qui sont surtout privés de forêts, tels que ceux de Bastogne, Houffalize, Sibret, sont ceux qui possèdent la plus grande quantité de bruyères —Là, le chauffage, à cause du prix de transport, se vend très-cher.

Les frais de premier établissement sont, pour ainsi dire, nuls — Le hectare en sapins peut coûter environ 40 francs; en bouleau, même mélangé de glands pour le chêne et les haies à écorces dont le semis s'opère après l'essartage, les dépenses sont plus que couvertes par les produits de la récolte.

Les frais de garde sont les plus élevés, et encore y aurait-il lieu de les diminuer, en accordant à chaque garde une surveillance beaucoup plus étendue, qui, en augmentant insensiblement son salaire, lui permettrait de ne se livrer entièrement qu'à ses fonctions; ce qui diminuerait cette charge d'une manière générale.

Le boisement réussi ne tarde point de doubler la valeur du sol, et toujours l'améliore.

Si l'on craignait de jeter un jour dans le commerce une quantité de bois, disproportionnée avec les besoins, on pourrait rendre à la culture des parties boisées, qui, convenablement choisies, y seraient livrées avec avantage — La perte de ces parties serait compensée par un boisement nouveau.

Quant à cette préoccupation de l'avenir, j'ajouterai d'ailleurs qu'il faudra des siècles pour restituer à la Belgique la richesse de ses forêts, détruites par l'aliénation, ordonnée par la loi de 1827.

La loi du 3 février 1843 exige en outre la vente des forêts domaniales à concurrence d'une somme de dix millions... Si cette loi s'exécute, 15.000 hectares suffiront à peine pour atteindre ce chiffre — Les acquéreurs actuels se conduiront comme ceux de 1828, peut-être seront-ils plus pressés encore — Ils se diront : rasons la forêt, le fond nous restera comme bénéfice — et cette masse de forêts disparaîtra — Il faudra une étendue immense de semis et de plantations, pour rendre un jour au commerce ce qui lui aura été enlevé — Les forêts en si grande quantité qu'elles soient, forment toujours un puissant élément de la richesse publique — Ces bois, qui nous viennent de l'étranger, attestent que la Belgique n'en possède pas encore assez — et puis, il est certain qu'en convertissant des bruyères en forêts, on leur donne une valeur considérable — et c'est là un grand résultat.

L'intérêt public se joint donc à l'intérêt particulier pour proclamer l'utilité du boisement d'une partie des bruyères.

Quelles sont les essences, que l'on doit choisir?

La réponse est encore là, sur les lieux -- Parcourez ces

forêts, et elles vous indiqueront les essences, qui conviennent à ce sol — Ces chênes superbes, ces hêtres élevés, d'un pourtour surprenant, ces riches haies à écorces, ces taillis vigoureux de diverse essence, doivent-ils donc permettre que l'on élève encore cette question.

Veut-on introduire dans le Luxembourg les semis et plantations de sapins, et l'on pourra se convaincre que les essais ont réussi dans toutes les contrées, où ils ont été tentés; citons encore des faits, que l'on peut vérifier :

Dans le canton de Vielsalm, j'ai vu une forêt de sapins, d'une élévation extraordinaire, appartenant à la famille Otte, et qui continue à procurer un revenu exorbitant — Là, on sème sur la bruyère — on y conduit des bêtes à laine, qui piétinent le terrain — et on réussit parfaitement.

Dans le canton de Bastogne, les semis opérés par une société sont de la plus belle venue.

A Ny et à Aye, canton de Marche, mêmes résultats—Ces propriétés appartiennent à M. le comte de Mérode.

A Arlon, et dans ses environs, résultats également favorables — Là, un citoyen honorable, M. Ja...., après avoir élevé des pépinières, dont les beaux produits sont livrés au loin et à bas pris, a acheté çà et là des parcelles déclarées improductives — des semis de sapins décuplaient bientôt leur valeur — dans son zèle désintéressé, il n'a qu'un but :

favoriser les semis et plantations — il offre même gratuitement ses sapins aux habitants des campagnes. Je crois même que, s'ils insistaient, il irait en outre présider à leur plantation et à leur culture.

Enfin, dans l'arrondissement de Neufchâteau, M. Vandenbosch, qui habite la Campine, fait planter, chaque année, dans ses forêts, une énorme quantité de melezes, destinés à remplacer les futaies existantes, qu'il fait disparaître au fur et à mesure des besoins — Ces plantations, dirigées par un inspecteur forestier, capable et zélé, profitent admirablement — Il parviendra ainsi à convertir en forêts de sapins de 1re qualité, celles dont la futaie ne se compose que de hêtres — les communes et les particuliers auraient intérêt à imiter cet exemple — Ils feraient ainsi disparaître les clairières, se ménageraient pour l'avenir un revenu important, et procureraient à leurs bois une augmentation de valeur — les sapins, abrités au milieu des forêts, obtiennent une croissance rapide.

Voilà encore des faits, non contestables, et qui peuvent servir de guide.

§ V.

BASES ET PRINCIPES DE LA LOI A INTERVENIR.

Ces vastes landes sont stériles, improductives — Les communes n'ont jamais fait le moindre effort pour leur donner de la valeur, et les livrer à l'activité nationale — Elles résistent aux conseils et opposent une force d'inertie invincible.

Le gouvernement est impuissant, selon la législation actuelle, pour forcer les communes soit à aliéner ces biens, soit à en tirer parti et à adopter des améliorations, que leur propre intérêt commande.

On doit franchir cette impasse — et une loi nouvelle est indispensable.

D'abord, on doit *contraindre* les communes, et leur *imposer* les mesures, jugées utiles : le peut-on, le doit-on? Evidemment oui — De tous temps, et, sous diverses formes, des lois et ordonnances ont proclamé des garanties plus ou moins sévères soit pour la gestion des biens des communautés, soit pour l'intérêt de la généralité.

J'ai cité des dispositions nombreuses et en particulier les lois des 14 Août 1792 et 10 Juin 1793, relatives au partage.

Si le législateur est convaincu que le pouvoir supérieur est désarmé pour produire le bien — que les lois existantes sont insuffisantes — que l'intérêt public, celui de la commune, des habitants exigent des mesures nouvelles, efficaces — En ce cas, tout est dit — il doit user de son pouvoir — d'accord sur la question d'utilité publique, de nécessité, il doit décider et proclamer les bases.

Personne n'a la pensée de dépouiller les communes : en cas d'aliénation, le prix leur appartient — il servira soit à l'acquit de leurs dettes, soit à tout autre usage — on peut les forcer à accepter des capitaux en compensation de terrains stériles en leurs mains.

On ne doit même pas penser à aliéner tous les biens communaux, ni à enlever des avantages, qui sont indispensables, tels que le paturage, la litière, etc., mais on doit les renfermer dans de justes bornes, et rejetter des exigences outrées.

L'aliénation par voie d'autorité législative, au lieu de favoriser, comme on l'a prétendu, la tendance des communes à la vente de leurs propriétés, éloigne au contraire et empêche cette possibilité; en effet, vous leur procurez des ressources, capables d'éteindre leurs dettes, et vous leur conservez ainsi toutes autres propriétés productives.

Ces terrains vagues, embrassant une superficie très-étendue, sont frappés de contributions, qui souvent constituent une charge assez lourde.

Les communes qui, soit par nécessité, soit pour faire acte de bonne administration, ont consenti à aliéner, se sont procuré des ressources importantes pour des terrains sans utilité — cultivés, boisés, défrichés, ils ont décuplé de valeur en quelques années — La commune a réalisé ce qu'on appelle, *une bonne affaire*, en recevant un capital pour des immeubles sans rapport pour elle —l'acheteur en retirant des bénéfices élevés — l'habitant en obtenant du travail — l'État en percevant des droits supérieurs, qui s'accroîtront encore par les transactions et mutations—la richesse publique, par une augmention de produits.

Je ne multiplierai point les exemples — je n'en citerai qu'un, qui est à ma connaissance : la ville de Marche était propriétaire de 110 hectares, loués quatre cents francs — Les côtes irrécouvrables et le montant des contributions absorbaient en outre une partie de ce revenu — 50 hectares ont été vendus pour prix de 26,000 francs et des constructions pour l'exploitation vont s'élever pour une somme au moins égale — Bientôt, ils seront convertis en prairies et terres arables de bonne qualité — Cet exemple est peut-être le plus favorable, que l'on pourrait indiquer : un revenu existait, tandis que les biens communaux, qu'il s'agit d'aliéner, etc., ne rapportent rien.... absolument rien — Ils ne servent qu'à un ou deux propriétaires de troupeaux de bêtes à laine, qui trouvent sans frais un parcours étendu, au préjudice de tous les autres habitants — Ceux-là auraient un parcours de deux lieues carrées, qu'encore ils se recrieraient, si l'on voulait aliéner quelques parcelles — Nous examinerons leurs droits, leurs besoins, et nous tâcherons aussi de les satisfaire.

Quelles sont donc les *bases* à adopter pour et avant de parvenir au défrichement ?

Quatre grands intérêts sont en présence : 1° celui des habitants de la commune *ut singuli*; 2° — de la commune, comme être moral; 3° — de la province; 4° — l'intérêt et l'utilité publics.

On doit chercher à concilier ces intérêts, à les satisfaire équitablement, et de manière à les diriger vers un but commun, *le défrichement* — Tel est le nœud de la difficulté.

L'intérêt de l'habitant, de la commune et de la province

se lie intimement, se confond plus ou moins — Il existe néamoins des nuances, que l'on doit séparer, mais de manière que tout se combine dans l'ensemble. — Examinons :

1o *Intérêt de l'habitant:* Il réside dans son droit de commune jouissance des produits des biens communaux, et de tous les avantages, qui y sont attachés.

Le priver de cette jouissance, sans garantie, sans compensation aucune, c'est lui causer un préjudice incalculable.

Cette compensation doit être de nature à l'indemniser, tout en favorisant le défrichement — et je n'hésite point à déclarer que ce moyen réside dans le fait d'attribuer à chaque chef de ménage une portion des terrains communaux, *à certaines conditions de rigueur.*

A l'appui de cette opinion, j'invoque des motifs de nécessité impérieuse et de justice :

Les habitants du Luxembourg, qui ne peuvent se procurer des moyens d'existence, en se livrant à des industries, à des travaux lucratifs, sont obligés de les demander au sol, et en élevant du bétail — chacun trouve des parcelles à cultiver dans la possession actuelle des biens communaux — Cette culture leur fournit des ressources pour une grande partie de l'année — Par l'aliénation, vous mettez le comble à leur détresse, si, avant tout, vous ne leur réservez point une portion, capable de remplacer cet avantage.

Cette portion sera destinée au pain de la famille.

La culture est aussi indispensable, dans cette province, que le travail, et le salaire dans les grands centres de population — Qu'on prive nos habitants de la possibilité de recourir au sol, et vous condamnez à la mendicité des bras vigoureux et honnêtes..... et vous les exposez à tous les excès de la misère..... et vous rejettez ainsi, au milieu de la société, des gens qui vous accuseront en outre de les avoir dépouillés — d'être la cause de leur détresse.

Nous avons été témoins d'émigrations nombreuses — et ce déplorable expédient leur sera même enlevé, faute d'un capital suffisant pour le voyage.

Tout gouvernement compte déjà trop d'hommes, qui, malheureux par leur faute, l'inconduite, etc., ne calculent que sur le désordre — sans en augmenter le nombre par une mesure peu réfléchie.

Qu'arrivera-t-il, si on les prive de cette portion? Ces habitants deviendront, inévitablement, les tributaires des acquereurs, et des grands propriétaires — ceux-ci leur donneront des terrains incultes en location au plus haut prix possible — après le défrichement, on les leur retirera pour être joints à l'exploitation, ou on exigera un prix exorbitant, résultant de l'augmentation de valeur, qu'ils auront eux-mêmes procurée — on leur fournira d'autres terrains, et ainsi successivement pour recommencer les mêmes manœuvres.

Si l'on ne réserve point une portion à l'habitant, on le condamne au défrichement, et en payant, et en consacrant ses peines et ses sueurs au profit d'autrui — Par une mesure semblable, on causerait à la classe pauvre du Luxembourg (et elle est nombreuse) un tort que toutes les dispositions, telles qu'elles puissent être, ne sauraient réparer.

Ce remède offre un autre avantage, celui de favoriser le défrichement — Ne fut-ce que pour atteindre ce but, qu'encore on devrait l'adopter — peu importe comment et par qui le défrichement soit opéré — l'essentiel, c'est qu'il se réalise — or, le défrichement de cette part remplacera la culture des terrains, à laquelle ils se livraient chaque année — tous leurs efforts, tous leurs soins y seront consacrés : la nécessité, leur intérêt en sont le gage — L'importance de ces lots s'augmentera à raison de l'impossibilité de se procurer d'autres terrains — ces habitants se diront : mon lot est mon exploitation, ma ferme — hors de là, nulle culture possible — force est de l'améliorer.

On sait aussi que la division des propriétés qui n'est point portée à des limites extrêmes, est une garantie de la bonne culture, et provoque des progrès en agriculture — Elle procure en faveur du plus grand nombre, une aisance relative, qui contribue à la prospérité publique—Par cette réunion d'efforts, on peut atteindre un grand but, et cette réunion est indispensable pour assurer le défrichement d'une étendue, aussi immense — on ne saurait appeler à son secours trop de moyens, trop de bras — Les propriétés trop vastes sont mal exploitées, et préjudiciables à l'intérêt public — ces vérités ont plus de force encore, quand il s'agit de créer.

L'objection la plus sérieuse serait celle-ci : cette portion, attribuée à chaque chef de ménage, ne sera point défrichée — ces habitants pauvres, en faveur desquels surtout vous la réclamez, n'auront ni engrais, ni moyens suffisants...

Je nie d'abord la prémisse : j'ai pour garantie de la culture l'usage et une nécessité impérieuse — ils seront forcés de la faire, ou la misère les atteindra — Dans cette alternative, on ne délibère point, et le choix est bientôt posé.

Quant aux engrais, la culture de ce lot pourra seule leur permettre d'élever deux ou trois têtes de bétail — et ainsi procurer des engrais—le défrichement s'opérera par faible partie—ne pouvant, faute d'occasion, échanger leur travail pour un salaire, le temps ne leur manquera point et sera utilisé avec fruit — J'indiquerai ultérieurement un autre moyen d'avoir des engrais.

L'attribution de ce lot devra être généralisée — les moins malheureux le cultiveront et en tireront un grand parti — Cette mesure ne dut-elle d'ailleurs amener le défrichement que de la part du tiers des ayants-droit, qu'encore elle procurerait l'avantage de conquérir des terrains à la culture, à concurrence de ce tiers.

Enfin, fut-il même vrai (ce que personne n'admettra) que cette mesure serait en tout et pour tout illusoire, qu'encore je la conseillerais : en ce cas, on ne pourrait se permettre d'accuser le pouvoir d'être la cause de la détresse, vraie ou feinte, que l'on pourrait remarquer — Le gouvernement doit rejetter jusqu'au moindre prétexte d'une accusation semblable — Si les habitants n'acceptent point le bien-être, qu'on leur offre, à eux seuls la faute, et ses conséquences.

Ces habitants qui, réunis, forment l'être moral, sont propriétaires de ces biens — Serait-il équitable de leur refuser une portion, jugée indispensable ? Quant à moi, je ne le pense pas.

Je sais, et je ne veux rien cacher, que, dans plusieurs localités, des terrains communaux ont été offerts aux habitants, à titre de location, moyennant une rétribution légère, qui paraissait n'être exigée que pour conserver et garantir les droits de propriété — les habitants n'ont pas toujours répondu à cet appel — Pourquoi ? parce qu'ils n'avaient point l'expectative de devenir propriétaires — Le défrichement demandait des soins et des dépenses, qu'ils ne pouvaient entreprendre à titre de locataires.

En attribuant à chaque chef de ménage une portion, calculée selon l'étendue des terrains communaux, des conditions rigoureuses doivent être imposées — on pourrait, ce me semble, les réduire aux suivantes :

A. Ces lots ne seraient accordés qu'à charge d'en opérer le défrichement, et de les livrer à la culture dans le délai de six années — chaque lot deviendrait caduc au profit de la commune si cette condition n'était point accomplie.

Le gouvernement serait chargé de prendre des mesures pour en assurer l'exécution.

Si, dans ce délai, le défrichement a eu lieu, le lot deviendrait alors — et alors seulement, la propriété incommutable de l'habitant.

B. Chaque lot ne devrait comprendre qu'un hectare ou un hectare et demi — Plus étendu, il serait en disproportion avec les ressources ordinaires — il serait accordé à raison du domicile.

C. Ces lots seraient choisis dans la zône la plus rapprochée, et pour la plus grande utilité et facilité de chaque chef de ménage.

D. Ils ne seraient soumis à aucune rétribution — sauf si les besoins de la commune l'exigeaient — et après y avoir appliqué le montant du prix de l'aliénation des autres terrains.

E. Ils seraient exempts de toute contribution, pendant ce délai de six années.

Mon but est de contraindre à opérer le défrichement — si, sans aucune condition, on opère un partage, l'habitant se hâtera de vendre à vil prix — abandonnera son lot et ne lui demandera aucun produit — Le défrichement ne s'effectuerait point — en ce cas, la mesure serait illusoire, et je n'en voudrais pas — si au contraire, dans le délai prescrit, l'habitant a livré sa portion à la culture, lui a accordé une valeur, il aura le droit de devenir propriétaire — après le défrichement, qu'il conserve ou qu'il vende — Peu importe — ces terrains auront été rendus productifs — et le résultat désiré aura été ainsi atteint.

Cette expectative de devenir propriétaire sera un stimulant, qui garantit le défrichement.

Je préfère le partage par chef de ménage, à celui par tête,

admis par la loi citée de 1792 — Dans le 1er cas, vous vous adressez à une famille, à une espèce de communauté, ainsi à une réunion d'efforts et de soins—Chaque famille possède une habitation, un commencement d'exploitation — Dans le 2me, on accorderait des lots à toutes les conditions, sans distinction d'âge, de sexe, à des domestiques, à des enfants, à des femmes etc., c'est impossible, et le défrichement ne serait point réalisable.

L'affouage se distribue aussi par chef de ménage — Les mêmes motifs peuvent être invoqués —on ne distingue point si tel chef est dans l'aisance ou non — si la famille est nombreuse — si ses besoins sont grands; cette seule qualité est la règle.

Des défrichements et des usurpations considérables ont souvent été opérés, sans titre par des habitants — Les mandataires communaux, mus par la crainte ou la certitude que ces terrains n'ont acquis une valeur qu'à force de travail, et de sacrifices, négligent de régulariser cet objet — L'intérêt de la fixité du droit de propriété l'exige néanmoins —les possesseurs qui connaissent le vice de leur rétention, ne peuvent aliéner qu'à vil prix, parce qu'ils n'osent stipuler la garantie, ni les utiliser d'une manière large — On doit ou abandonner ces terrains aux possesseurs, eu égard à la plus value, et moyennant une légère rétribution, ou ordonner la réintégration des communes, et après des formalités voulues — Une ordonnance française du 23 juin 1819 renferme à cet égard des mesures sages et équitables, que l'on pourrait appliquer — (voir cette ordonnance).

2° L'intérêt de l'habitant ne se borne point à obtenir une portion limitée , qui doit remplacer la culture de quelques parcelles des terrains communaux — il s'étend à la jouissance du paturage commun, à l'enlèvement de la litière — cet intérêt se généralise , et constitue celui de l'*être moral, de la commune* : on doit lui conserver des portions de biens suffisantes pour assurer à la masse une jouissance ou des produits, qui, indispensables, tournent au profit de tous — Avant d'aliéner, cette part doit être garantie, respectée — le bétail, formant la richesse principale du Luxembourg, doit trouver une protection efficace dans la conservation d'un canton réservé au paturage commun et à la litière.

A : Paturage commun :

Il résulte des documents statistiques, publiés par la députation permanente, que, dans le Luxembourg, le nombre des bêtes à cornes est de 99.570 — celui des bêtes à laine , de 139.822. Ces chiffres parlent assez haut pour démontrer la nécessité de ne point compromettre cette source de prospérité.

L'avenir doit préoccuper le législateur — si l'on aliène , sans la réserve que j'indique, qu'arrivera-t-il tôt ou tard ?

Le paturage commun disparaîtra, soit en boisant ces propriétés, soit au moyen des clotures — la classe moyenne et indigente ne pourra plus élever le bétail — là, elle n'a aucun choix dans ses moyens d'existence — le travail y manque, l'industrie, le commerce sont nuls — le peu d'argent qui circule, provient de la vente du bétail — Que deviendront ces habitants si on leur enlève cette dernière ressource ?....

On ne peut interdire ni le droit de cloture, qui est inhérent à la propriété, ni celui de convertir ces terrains en forêts — Une grande partie de ces landes ne pourrait même pas recevoir une autre destination — Tout propriétaire a une tendance, provoquée d'ailleurs par son intérêt, à jouir de la manière la plus exclusive — Il a l'habitude d'user amplement des moyens, que la loi lui accorde — il les élude même, autant possible : c'est ainsi que s'est introduit l'usage de planter çà et là quelques plantes de bouleau, et de jetter quelques poignées de semences de treffle ou coucous, dans le but de rendre ces terrains défensables.

Aliénez en masse, et le paturage est compromis, perdu un jour... C'est ce que le législateur doit prévenir, empêcher.

Le canton réservé doit, dans chaque commune, être proportionné au nombre des bêtes à cornes et à laine — On doit destiner au paturage commun les terrains non éloignés, rendus accessibles par les chemins existants, et de manière à ce qu'ils puissent satisfaire à tous les besoins — Les conseils communaux devront être consultés à cet égard.

Il faut prendre garde néanmoins que, dirigées par le désir de mettre obstacle à l'aliénation, des communes n'exigent une étendue de terrains, disproportionnée avec les besoins réels — Ce serait là un préjudice, que l'on doit combattre, au nom du défrichement et de l'intérêt public.

Pour chercher à apprécier, à sa juste valeur, la portion suffisante, quelques observations peuvent paraître nécessaires :

D'abord, et quant au paturage des bêtes à cornes, on doit tenir compte, soit des droits d'usage exercés dans les forêts d'autrui, soit des ressources qu'offrent les bois communaux, non défensables — Plus ce paturage sera étendu, plus le canton réservé devra être restreint.

Ensuite, la partie partagée ou vendue, qui sera livrée à la culture proprement dite, fournira une ressource supérieure à la perte de ces terrains pour le paturage commun. En effet, après l'enlèvement de la récolte, et ainsi à l'époque que ces terrains vagues et couverts de bruyères ont été rasés par la dent du bétail et l'ardeur du soleil, le bétail trouvera là un paturage abondant. Il est donc vrai de dire que la culture de ces terrains améliorera, d'une manière très-sensible, le paturage commun, loin de lui nuire.

Dans la prévision de l'avenir, on doit, quant aux terrains destinés à être boisés, admettre une restriction qui puisse néanmoins concilier les droits de propriété avec les nécessités du paturage. Nous avons vu récemment une année de sécheresse, telle que les habitants eussent été condamnés à voir périr de faim leur bétail, si l'autorité ne fut venue à leur secours, en adoptant des mesures sages, qui ont provoqué un tribut mérité de reconnaissance. Il paraîtrait donc utile de stipuler que le paturage sera permis dans ces propriétés boisées, à l'âge qu'elles cesseraient d'être défensables, mais en cas de nécessité, dûment constatée par le Conseil communal, approuvée par la Députation permanente, et pour le temps seulement qui serait spécialement déterminé —Cette mesure, qui serait exceptionnelle, rare, ne serait guère nuisible au propriétaire, et pourrait être d'un grand secours, dans des années malheureuses.

Je dois aussi attirer l'attention sur un préjudice sérieux, que l'on remarque dans un trop grand nombre de communes: là, aucun réglement n'existe pour l'exercice du droit de paturage, ni pour déterminer le nombre de têtes de bétail, eu égard au nombre d'hectares dont chaque habitant est propriétaire ou détenteur — Qu'en résulte-il? deux ou trois habitants, et même des étrangers à la commune, tiennent un nombre disproportionné de têtes de bétail, usent du paturage commun, le ruinent au préjudice de la communauté — Je connais des communes où des étrangers se contentent de louer des bergeries et, sans posséder un are de terrain, ils lancent sur le paturage commun deux ou trois nombreux troupeaux de bêtes à laine — Le remède est facile : c'est de forcer les communes à exécuter l'article 13 de la loi du 28 septembre — 6 octobre 1791, ou de charger les Conseils provinciaux de ce soin — Cet article est ainsi conçu: «La quantité de bétail, proportionnellement à l'étendue «du terrain, sera fixée dans chaque paroisse, à tant de bêtes «par arpent, d'après les réglements et usages locaux; et, à «défaut de documents positifs à cet égard, il y sera pourvu «par le Conseil général de la commune».

Les communes négligent d'adopter ces réglements: de là, des abus.

B : Litière. On ne peut nourrir et élever du bétail, ni obtenir des engrais sans la litière. Les pailles des produits agricoles ne sont point destinées, dans le Luxembourg, à la litière, mais à la nourriture du bétail, vu l'insuffisance des fourrages—Un canton doit donc aussi être réservé, en prenant en considération soit les droits d'usage, soit les ressources qu'offrent à cet égard les bois communaux.

Les genets sont bien préférables aux bruyères — ils améliorent et le terrain et le paturage — On doit *contraindre* les communes à les semer dans l'intérêt commun.

3° L'intérêt *provincial* se compose de celui des communes et des habitants —Si l'intérêt de ceux-ci est conservé, l'autre reste intact.—L'intérêt provincial peut néanmoins être considéré sous un point de vue plus élevé, sans être restreint à des avantages, purement matériels — La question de moralité doit être mûrement pesée — Le Luxembourg est, sous ce rapport, une province-modèle, et l'on devrait, sans hésiter, sacrifier des avantages matériels, si, par des mesures d'exécution, sa moralité pouvait être compromise — Ce danger n'existe pas, si l'on adopte les bases que je propose — En effet, l'intervention des capitaux étrangers ne se présenterait que pour le 1/5 environ des biens communaux — Ces acquereurs ne viendront point implanter, dans le Luxembourg, une colonie de gens sans aveu, pour opérer le défrichement — Ceux-là ne conviennent nullement pour se livrer à des travaux rudes et pénibles — Un puissant motif d'économie engagera aussi ces propriétaires à donner ce travail aux habitants de la commune — Ceux-ci, habitués à ces travaux, connaissant le sol et les moyens de le réduire, feront mieux et à bien plus bas prix — La journée de travail sera, seule, taxée —Pour des étrangers, le salaire s'augmenterait par la nourriture et le logement — Ces propriétaires se contenteront ou de diriger le défrichement, ou de confier ce soin à un directeur, à un surveillant, et les bras seront inévitablement fournis par la commune — C'est là, l'un des avantages de l'aliénation : nos habitants auront du travail.

Ces craintes ne se réaliseraient que dans l'hypothèse de l'emploi des colonies agricoles : le gouvernement surtout est intéressé et obligé de ne pas en vouloir. — Il ne doit pas permettre qu'une population factice, desœuvrée, impuissante pour le bien seulement, vienne, avec tous ses germes de corruption, se ruer dans notre province — Cette classe ne doit pas être appelée par le législateur ou le gouvernement à inoculer le vice et ses conséquences, au milieu de ces populations paisibles, et en invoquant leur propre intérêt ; si ces gens sont un embarras, une gêne, un malheur peut-être dans d'autres lieux, de quel droit viendrait-on nous les imposer?.... Ce serait là une condamnation déplorable, que nous devons combattre — Le Luxembourg ne peut devenir le réceptacle de gens, qui ont tout tenté, tout épuisé, sans pouvoir se créer des moyens d'existence, parce qu'une plaie morale les ronge.

La Députation permanente du conseil provincial du Luxembourg, exposé de la situation administrative de 1843, dans un article remarquable relatif à l'agriculture et à ses améliorations, se pose la question de savoir s'il y a quelque chose à attendre des colonies agricoles, envisagées uniquement comme moyen d'assurer le développement agricole de cette province? et se demande en quoi il consiste en définitive :

« A confier à des individus sans ressources, et la plupart « du temps sans énergie, sans activité et sans moralité, le « soin de fertiliser des terres ingrates — Ce serait, à notre « avis, se tromper étrangement que d'espérer d'une semblable « tentative un résultat favorable — En faisant abstraction « de la valeur et du mérite des travailleurs que l'on pourrait « y employer, il faudrait dire encore que ce sont bien moins « les bras que les capitaux, qui manquent pour fertiliser les « Ardennes; il s'agit bien moins d'en remuer le sol que d'en « changer la nature au moyen d'engrais et d'amendements, « que l'on ne peut obtenir sans argent — Le cultivateur, « réduit à essarter la terre pour vivre, au lieu de l'améliorer, « la rendra improductive pendant 20 ou 30 ans, après lui « avoir demandé une ou deux années de subsistance.

Cette réponse est péremptoire et justifiée par les faits : les colonies de Wortel et de Merxplas, quoique surveillées par l'intérêt particulier, sont tombées, ajoute la Commission d'agriculture du Limbourg.

Une autre impossibilité se présente : ces colonies ne pourraient être établies qu'aux frais du gouvernement, qui se rendrait acquereur — Le doit-il? mille fois, non — Ce serait l'entraîner dans des dépenses considérables, qui ne seraient point compensées par les avantages qu'on pourrait en retirer — Obligé d'avoir recours à une infinité d'agents, il doit payer cher, et, dans l'espèce, il obtiendrait des résultats moindres qu'en s'en rapportant à l'activité particulière — Le défrichement serait une entreprise de longue durée, hérissée de détails, d'essais — On conçoit que le gouvernement dut entreprendre des grands travaux, dont l'achèvement est prévu, certain, calculé à l'avance — Dans l'espèce, comment fixer l'époque où il devra s'arrêter — Devrait-il perpétuer cette opération, conserver, louer, tout diriger — Si, le défrichement opéré, le gouvernement revend, que deviendront ces nombreux colons employés par lui, et dont il détruira les moyens d'existence — Et puis, s'il réalise des bénéfices, les communes se plaindront d'avoir été dépouillées par calcul.

Le défrichement doit s'effectuer, non sur un point, mais dans une grande quantité de communes, éloignées, disséminées çà et là — Comment faire mouvoir tant de ressorts sur autant de points ! Une nuée de subalternes absorberait bientôt et les bruyères, et les produits qu'on pourrait en espérer — Restreindre son intervention aux masses agglomérées des landes, c'est encore créer des dépenses excessives — On ne peut d'ailleurs entreprendre le défrichement sans élever beaucoup de bétail, et sans une masse considérable d'engrais — Tous ces détails ne sont point possibles pour lui.

Sans doute, si ces essais d'aliénation étaient vains, le gouvernement devrait intervenir, soit au moyen de subsides accordés aux communes pour rendre ces terrains productifs, soit en acquerant lui-même : son action, dans ce dernier cas, devrait se restreindre à des masses réunies, et seulement à leur boisement ou semis de sapins, selon la nature du sol — Les agents forestiers pourraient tout diriger, surveiller, et la dépense ne serait point considérable — Je ne lui conseillerais jamais ni exploitation, ni culture — On doit épuiser tous les moyens, avant d'engager le gouvernement à intervenir directement — Il ne peut y avoir exception, que pour un établissement-modèle dans le Luxembourg et la Campine.

Que le gouvernement prenne des mesures sages — Qu'il surveille avec soin — Qu'il accorde des subsides et des encouragements — C'est le seul rôle qui paraît devoir lui être réservé.

4° L'intérêt public, qui domine tous les autres, a aussi le droit d'exiger qu'on lui livre une part limitée, qui tourne au profit commun — Les droits les plus sacrés subissent son influence — C'est aussi en son nom que l'on peut contraindre les communes — Cet intérêt existe-t-il ? Les députations permanentes et les commissions d'agriculture consultées le proclament ; et j'ai énuméré les motifs principaux — Que veut cet intérêt ? Selon moi, c'est qu'après avoir opéré le partage d'une quotité au profit des habitants, réservé une autre quotité destinée au paturage commun et à la litière, le principe de l'aliénation soit posé pour le surplus.

Par la vente, on fait un appel général aux capitaux, au travail, à l'activité, au progrès — Le Luxembourg, seul, ne peut atteindre un aussi grand but—Le défrichement commande des moyens au dessus de ses forces.

Les baux emphytéotiques ne peuvent être préférés à l'aliénation : Quoique de très-longue durée, ils n'accordent aucun droit de propriété, et ne permettent point ainsi des améliorations durables et aussi étendues — Accordés à vil prix, on ne demanderait aux terrains que des produits relatifs — Les capitaux, les engrais et les bras manqueraient — Comment serait-il possible que les quelques familles, qui composent nos communes peu populeuses, puissent exploiter et tirer parti d'une étendue immense de terrains incultes — Le seul profit, qui en adviendrait, serait l'essartage, et ces terrains seraient replongés dans la stérilité pour 20 ou 30 ans — Beau résultat !!

Ces baux seraient d'ailleurs contraires au boisement de ces terrains, et, pour une grande partie, c'est l'unique ressource à invoquer : il faut donc aliéner.

---

§ VI.

TOUTES LES BRUYÈRES, AUTRES QUE LES QUOTITÉS RÉSERVÉES DANS LE SENS INDIQUÉ, DOIVENT-ELLES ÊTRE VENDUES EN MÊME TEMPS ET SANS RESTRICTION ?

C'est là une question de fait, sur laquelle les avis sont très-partagés.

Quant à moi, je conseillerais de tenter la vente en même temps et pour le tout, sauf réserve d'un quart, le cas échéant, eu égard à l'étendue des landes dans chaque commune et à la population, etc.

Je me fonde sur ce que l'aliénation successive, et par période de cinq ou dix années, constitue un ajournement du défrichement — On ne saurait l'entreprendre trop tôt — Cinq ou dix années perdues, c'est beaucoup — Si des acquereurs se présentent pour la totalité, il est évident qu'ils auront calculé à l'avance le parti immédiat qu'ils entendent en tirer, et les moyens propres à améliorer ces terrains, à leur accorder une valeur — Personne ne peut acheter pour les laisser incultes. — On peut donc s'en rapporter à l'intérêt particulier — Je ne voudrais point accepter un ajournement volontaire, mais forcé : il serait forcé, si la tentative d'aliénation avait échoué.

Les acquéreurs entreprendront le défrichement d'abord pour ne point anéantir le capital et pour en obtenir l'intérêt, ensuite pour échapper à la peine de déchéance, qui devra être stipulée.

Je nie l'impossibilité de livrer, en même temps, ces 3/4 au défrichement : elle disparaîtra au moyen des capitaux employés — tout dépend d'eux — Ces terrains seront répartis en mille mains, et dans un grand nombre de communes ; les acquéreurs sauront qu'une avance de fonds est indispensable.

La difficulté la plus sérieuse serait celle de se procurer des engrais pour les terrains, *destinés à la culture ;* elle n'est point invincible : avec la chaux, on pourra obtenir, dans le Luxembourg, une 1re et même une 2e récolte assez abondante — la chaux est souvent éloignée, mais ne manque pas — avec ces récoltes, et quelques sacrifices, on pourra élever du bétail, et ainsi former des engrais — Qu'on ne se fasse d'ailleurs point illusion sur la quantité des terrains qui seront livrés à la culture — ce sera la moindre partie — Ces terrains doivent réunir des conditions particulières, essentielles, qu'on ne rencontrera que rarement — La partie la plus considérable sera boisée : pour celle-là, les difficultés disparaissent, et un retard de 5 ou 10 années serait très-préjudiciable — Souvent aussi le boisement sera employé comme moyen d'améliorer le sol, afin de pouvoir, plus tard, le convertir en culture.

Quant au quart restant, je l'abandonnerais à la juste appréciation du Gouvernement, avec pouvoir soit de s'entendre avec les communes sur le parti qu'elles croiraient devoir en tirer — par exemple, si leur intérêt en exigeait le boisement — en leur imposant toutefois un délai de rigueur — soit d'en ordonner aussi la vente — Tout dépendrait des circonstances, des nécessités, de l'étendue des terrains, des conditions, etc., et une grande latitude devrait être laissée au Gouvernement. — Ce quart, laissé à la disposition des communes, soumis à la condition d'être rendu productif dans un temps déterminé et restreint, sauf à en voir ordonner, le cas échéant, l'aliénation par le Gouvernement, constituerait un moyen de satisfaire et la commune et ses intérêts, avec toutes les garanties désirables. Il est à présumer que plusieurs communes accepteront cette disposition avec reconnaissance — Que ce quart ne sera point destiné à la culture, mais au boisement ou à des semis de sapins — En ce cas, une valeur aura été accordée à ces terrains, et le but proposé atteint — La création des forêts par les communes offre cet avantage qu'elles sont obligées de les conserver, et que la question de leur aliénation ou destruction est placée sous la haute tutelle de l'autorité supérieure — Les particuliers usent et abusent à leur gré, et sans aucun contrôle — La richesse de nos belles forêts diminue, les arbres de prix ont disparu..... La formation de forêts nouvelles par des communes peut paraître nécessaire, sous le point de vue de l'avenir.

Toutes ces quotités et portions devraient être distinctes, et formées, par une commission spéciale, pour le plus grand avantage et intérêt de tous, eu égard à l'usage, au but qu'on se propose — On pourrait les séparer par zônes : ainsi aux habitants, la zône plus rapprochée des habitations et offrant pour la culture, des garanties de succès — pour le pâturage commun, celle rapprochée aussi, et à proximité des chemins existants — ainsi de suite, etc.

---

§ VII.

QUELLES DEVRAIENT ÊTRE LES CLAUSES ET CONDITIONS DE LA VENTE ?

Un pouvoir étendu doit être abandonné au Gouvernement — La loi néanmoins doit poser quelques règles :

Les principales me paraissent pouvoir être :

1° La déchéance, si le défrichement n'a point été effectué dans le délai fixé — cette clause pénale est de rigueur et doit servir de garantie — L'art. 15 de la loi du 16 septembre 1807, relative au défrichement des marais, la prononce déjà — tous les actes de concession la proclamaient.

On pourrait, ce me semble, fixer un délai de dix années pour les terrains destinés à la culture, et de quatre seulement pour ceux destinés à être boisés — La moitié du défrichement devrait être exigée à l'échéance de la moitié de chacune de ces périodes — Une commission serait chargée de ce contrôle : le point de savoir s'il y a ou non défrichement est une question de fait, d'appréciation, qu'on doit lui abandonner—Cette commission devra d'ailleurs motiver son rapport avec soin, et de manière à permettre à l'autorité supérieure de juger en connaissance de cause. —Pour les terrains boisés, nulle difficulté : il suffira de les voir pour reconnaître et constater ce fait — Pour ceux destinés à la culture, on aura égard à la quantité, à l'exploitation, au nombre des hectares qui, relativement, doivent être convertis en prairies naturelles ou artificielles, en terres arables, rester en jachères, ou en friche, selon les usages locaux, et les nécessités.

Si des essais ont eu lieu, sans avoir réussi, on devra en tenir compte, mais pour la partie seulement où ils ont été tentés : ce serait là un cas de force majeure, capable de justifier un nouveau délai.

En cas de revente, le nouvel acquéreur et le vendeur devraient être tenus solidairement à l'exécution de cette clause.

Quels seraient les effets de cette déchéance? De faire perdre à l'acquéreur les annuités et les intérêts payés, et de réexposer son lot en vente — le tout au profit de la commune, puisqu'elle est propriétaire — La perte des interêts seulement serait insuffisante, et trop facilement sacrifiée — Elle ne serait point en rapport avec le préjudice et le mauvais exemple que provoquerait la non entreprise du défrichement — Je suppose cet intérêt à 3 0/0, et un acquéreur de 20 hectares au prix de cent francs chacun — L'intérêt annuel serait de 60 francs — avec une perte de 300 francs répartie en cinq années pour les terrains destinés à la culture, ou de 120 frs., en deux années, pour ceux destinés à être boisés, il lui serait donc libre de les abandonner — Cette clause pénale serait trop souvent illusoire : on doit y ajouter la perte des annuités.

Quelle serait l'autorité, chargée de prononcer la déchéance? Le Roi, après avis de la Commission spéciale et de la Députation permanente — on ne doit réserver aux tribunaux que les questions de propriété.

2° Maintenir les immunités et exemptions, décretées par les lois, dont j'ai donné l'analyse, et particulièrement par celle du 7 frimaire an VII, qui a fixé le dernier état de la législation sur ce point — On devrait les étendre aux bâtiments d'exploitation, et, pour les droits de barrière, au transport de la chaux et autres matériaux, destinés à ces constructions nouvelles — L'art. 21 de la loi du 16 septembre 1807 ne prononce même que le droit fixe d'un franc pour l'enregistrement des premiers actes de cession — Il a paru juste, disait à cet égard l'orateur du Gouvernement, d'affranchir du droit proportionnel d'enregistrement des cessions que le Gouvernement est disposé à encourager de tout son pouvoir.

Ce motif me paraît devoir être invoqué dans l'espèce : on ne doit point, de prime abord, envisager cette question sous le rapport financier — cet intérêt sera largement satisfait dans l'avenir.

3° Le prix de l'aliénation appartiendrait évidemment à la commune — Il serait destiné au remboursement des dettes, à la diminution des charges locales, etc.

On s'est demandé si des difficultés sérieuses ne se présenteraient point de la part des créanciers hypothécaires, au cas de non-rédemption des capitaux? Je ne le pense pas — Outre la purge civile, la loi du 16 septembre 1807 a apporté des modifications équitables au principe posé par l'article 2114 du Code Civil.

Cette loi, dans son Art. 23, établit d'abord un *privilège* spécial en faveur des entrepreneurs de desséchement *sur toute la plus value* qui résultera de leurs travaux — Puis, à l'égard des hypothèques qui pouvaient exister sur le marais avant le desséchement, elle en restreint l'effet sur une part de propriété seulement *égale en valeur à la première valeur estimative* des terrains desséchés.

Ces deux dispositions furent expliquées en ces termes, dans le discours de l'orateur du Gouvernement :

« Le droit des créanciers sur la propriété, qui est le gage « de la sûreté de leurs créances, ne saurait aller au delà du « droit qu'attribuent les lois au propriétaire lui-même — Il « était donc dans les règles de la plus stricte justice de *ré-* « *duire l'effet des inscriptions hypothécaires* ANTÉRIEURES *à l'en-* « *treprise du desséchement; de ne les faire porter que sur la* « *valeur du fonds* non desséché ; et d'affecter par privilége la « plus value à la garantie des cessions ou des obligations « souscrites par les propriétaires en faveur des entrepre- « neurs du desséchement. »

On pourrait, par analogie, admettre ces modifications, avec les changements et distinctions que des espèces particulières peuvent comporter.

4° Le prix serait payable en 20 années, et par 20°, avec intérêt à 3 0/0.

Ce long terme est indispensable, et commandé par les dépenses considérables, que le défrichement nécessitera — Des années devront s'écouler avant d'obtenir l'intérêt de ces capitaux — Plus tard, sans aucun doute, ces intérêts rentreront, s'augmenteront, et rembourseront toutes ces avances de fonds, mais encore faudra-t-il attendre — Le prix d'acquisition ne sera guère que l'accessoire, eu égard à ces avances.

Le remboursement par 20e serait une stipulation très-favorable — Par 1/4 ou par 1/5e, il serait une gêne pour un grand nombre d'acquéreurs, et surtout pour la classe des cultivateurs, qui voudraient entreprendre le défrichement à leur profit personnel et par eux-mêmes — ceux-là emploieront leur industrie, leur expérience, leurs bras, et, manquant de capitaux suffisants, le paiement le plus divisé leur conviendra — Ce remboursement par 20e se combine mieux aussi avec les effets de la déchéance, c'est-à-dire, la perte des annuités soldées et des intérêts — Par 1/4 ou 1/5e, ceux qui se seront exposés à la déchéance, se laisseront contraindre : de là, des poursuites et des frais, qui seront évités au moyen du paiement annuel et anticipatif.

Un intérêt de 5 % suffit, par le motif déjà donné que les acquéreurs ne pourront commencer à retirer des bénéfices, et une partie de leurs avances, que dans un avenir plus ou moins éloigné — Ce taux favorisera aussi la vente — Je ne vois aucune raison plausible pour stipuler un intérêt différent et moindre, pour les habitants de la commune qui se seront rendus adjudicataires : d'abord une diminution d'un demi ou d'un pour cent ne serait point un avantage bien important. Ensuite, ils ont des habitations et un commencement d'exploitation, qui leur permettent de lutter et de soutenir la concurrence contre les étrangers à la commune — On ne doit pas chercher à écarter ces derniers —Leur intervention est indispensable — Sans le concours de leurs capitaux, le défrichement n'est pas possible — Ils ne peuvent rien entreprendre sans payer bien cher : direction, surveillance, constructions, salaires, résidence, etc., tout se convertit pour eux en question d'argent.

5° Les Administrateurs des biens communaux ne peuvent, ni par eux-mêmes, ni par personnes interposées, se rendre adjudicataires des biens qu'ils sont chargés de gérer : cette disposition de l'article 1596 du code civil doit être modifiée dans l'espèce — Le motif de la loi n'est plus le même ; on a pu craindre et dû prévenir une connivence repréhensible, soit pour provoquer une aliénation non justifiée, soit pour se rendre adjudicataires à vil prix et au détriment de la commune — dans ce cas au contraire, la mesure sera générale, ordonnée sans eux et souvent contre eux. Il serait injuste de priver ces Administrateurs de l'avantage de saisir une occasion favorable d'augmenter leur patrimoine, d'appliquer leurs capitaux, et de se livrer à la culture —La commune est également intéressée à ce que la concurrence soit la plus étendue possible, puisque le prix de vente lui appartient.

§ VIII.

VENDRA-T-ON ?

J'en ai une conviction profonde :

L'industrie a pris un tel développement qu'elle est en proie à un malaise, dont la cause principale, unique peut-être, est l'excès de ce développement —Elle réclame, à hauts cris, des débouchés; s'il est possible de les lui procurer, ce malaise ne sera qu'arrêté momentanément, suspendu —Elle ne tardera point d'augmenter ses productions, à proportion —La même cause se reproduira, et avec elle , les mêmes effets — A qui la faute ? Évidemment à l'industrie.

On s'est aussi livré à des entreprises, au moins incertaines qui ont dévoré une masse de capitaux — Trop tard, on a dû reconnaître qu'il eût été prudent soit de restreindre ces opérations, soit de les abandonner, soit de choisir un revenu modique, mais assuré, plutôt que de courir après des bénéfices qui, crûs exorbitants, devaient par cela même devenir irréalisables — Certaines secousses enfin, ont fait naître des doutes, des crises.

Ces expériences, qui ont couté trop cher, devaient nécessairement amener un retour prononcé vers la possession des terres et ainsi vers l'amélioration de l'agriculture : de là, l'une des causes du renchérissement du prix des immeubles — L'agriculture, abandonnée trop longtemps aux soins exclusifs des bras — ceux-ci dirigés par la routine, à laquelle la science, les essais, les progrès, sont restés étrangers, devait se relever par l'excès des déceptions en fait d'industrie et de spéculations chanceuses — Le temps est prochain, si déjà il n'est arrivé, que les tendances, les efforts, et avec eux les capitaux, se dirigeront, avec la même avidité, vers le sol et ses productions — C'est que là en effet réside la véritable richesse — sure — garantie — inébranlable.

Sans doute, des essais hasardeux, mal raisonnés ou mal appliqués, peuvent en agriculture aussi, produire des déceptions, des pertes; mais au moins elles ne peuvent devenir aussi élevées, et irréparables comme en fait d'industrie : là, alléchés par des gains présumés extraordinaires, les capitaux s'augmentent, se doublent, s'amoncellent.... On espère des circonstances propices, une année heureuse, qui doivent et réparer les pertes, et fournir ces bénéfices... Trop souvent, on attend en vain.... Les illusions sont détruites, et avec elles, ont disparu et les intérêts et les capitaux — En agriculture au contraire, les essais sont forcément restreints.— Il n'est point d'usage de demander, sur une large échelle, des produits nouveaux, ni d'employer des procédés inconnus et non tentés dans les localités où ces essais se pratiquent — La perte d'ailleurs se résume en frais de labour, semences ou plantations — Les engrais, qui coutent le plus, ne sont point perdus : le produit désiré n'a pas réussi — L'engrais reste, et le terrain amélioré facilite un autre produit mieux approprié — L'insuccès même est donc borné, et rarement entier, général.

L'agriculture, par les garanties qu'elle offre, doit provoquer les capitaux — Oui, des acquereurs se présenteront pour tirer parti de ces landes nombreuses — Leur propre intérêt les y convie : on n'obtient maintenant des propriétés qu'avec difficulté et à des prix excessifs — On sait que les améliorations quelconques remboursent bientôt les avances, et procurent en outre une augmentation très-sensible de valeur — On sait que des landes, achetées au prix courant selon les localités, ont décuplé de valeur peu d'années après avoir été ou défrichées, ou boisées, ou semées de sapins — Une mine étendue à exploiter se présente : elle sera exploitée.... Les craintifs, qui voudront s'abstenir au debut,, viendront, mais un peu tard... et alors ils paieront cher et leurs doutes et leurs faux calculs : ce ne sera que justice — Que l'on reporte ses regards à 10, 15 ou 20 années, et l'on verra que tels terrains incultes , abandonnés ou négligés sont maintenant convertis en propriétés productives, et qui commandent l'admiration — On se dit : à telle époque, je pouvais avoir telle propriété pour autant.... Aujourd'hui elle vaut autant.... On se repent — Des nombreux exemples ont du être des leçons : je crois fermement que l'on en profitera pour ces landes !....

La confection et la contenance des lots doivent être réglées de manière à favoriser l'aliénation, et ainsi le défrichement — Il faut 1° que des lots de deux hectares soient mis à la portée de chaque habitant, qui se croira des ressources suffisantes pour leur donner une valeur — 2° que des lots de 50 hectares et au dessus, soient offerts à ceux qui, ayant des capitaux supérieurs à appliquer , voudront entreprendre le défrichement sur une large échelle — Ces lots doivent être assez importants, pour pouvoir leur permettre la construction des bâtiments nécessaires pour l'exploitation.

On contenterait ainsi tous les intérêts , et un appel utile serait fait à toutes les positions.

§ IX.

AMÉLIORATION DU PATURAGE COMMUN.

Adopter des mesures larges, efficaces, pour amener le défrichement des terrains stériles, qui seront ou partagés ou aliénés, c'est beaucoup sans doute, mais ce n'est pas tout encore — Il faut porter ses vues plus loin, et chercher à améliorer le paturage commun — C'est là un point très-important, et qui mérite un examen approfondi de la part des personnes, plus capables que moi — Destiné à procurer la nourriture du bétail, pendant la plus grande partie de l'année, ce paturage est indispensable, et constitue l'avantage *principal*, qu'offrent ces landes — Ce paturage est sec et maigre — l'herbe chétive et rare, se reproduisant peu ou point, dévorée par les premiers rayons du soleil.... Le bétail n'y trouve qu'une nourriture insuffisante — aussi voyez ce bétail, il paraît aussi étique, que cette herbe — ces paturages sont ce qu'ils étaient, il y a des siècles... Jamais la main de l'homme n'y a touché! c'est néanmoins le principal élément de la richesse communale — L'améliorer, c'est favoriser l'élève du bétail, sa qualité, et diminuer la dépense de son entretien.

Je crois devoir signaler ici une erreur trop répandue, et qu'on n'avouera pas; c'est qu'en général, nos habitants élèvent trop de têtes de bétail, eu égard à leurs ressources — chacun, à l'envi, en nourrit le plus grand nombre, sans s'inquiéter des fourrages, — de l'hiver et de ses suites — au printemps, on compte sur le paturage commun — en automne, le bétail diminue de prix, on espère qu'il n'y aura ni neiges ni gelées — On attend le printemps pour vendre plus cher — et, à ce printemps, ce bétail n'est plus en état — il a du subir, en hiver, l'absence des fourrages et des privations inouies — il est devenu squelette — on le rue sur l'ombre de la nouvelle végétation — dans les bois, sur les 1ères pousses, où il gagne des maladies, et cause, en tout cas, les plus grands dommages — alors on ne respecte même pas la propriété du voisin : delà des nombreux délits. Un intérêt, mieux calculé, devrait prévenir de tels abus — il est évident que dix têtes de bétail, bien nourries, rapporteront plus de bénéfices que vingt autres, qu'on doit laisser dépérir — Serai-je entendu ? j'en doute.

Quant à l'amélioration du paturage commun, si la moitié de l'étendue, réservée à cet usage, pouvait produire autant et même davantage que la totalité et ainsi répondre largement à tous les besoins, cette moitié superflue pourrait alors recevoir une autre destination, et être livrée, en définitive, au défrichement : ce serait là un grand avantage — comment atteindre ce but ?.. Je hasarderai quelques observations — 1° Je voudrais que les communes fussent *contraintes* à convertir, en prairies artificielles, successivement, et chaque année, une partie notable des terrains destinés au paturage commun — de manière que, dans un temps plus ou moins éloigné, ce paturage soit renouvellé, et défriché — on sèmerait des fourrages et graminées, qui conviennent au sol, et qui se reproduisent pendant le plus grand nombre d'années — Un canton devant être réservé pour le paturage, on devrait faire un choix convenable, capable de faciliter cette opération.

La luzerne, le sainfoin, le treffle, et surtout le coucou réussissent parfaitement dans nos Ardennes, et laissent, après avoir disparu, une herbe plus ou moins abondante.

Il est évident qu'un hectare, ainsi converti, serait plus avantageux que 20 et même 30 hectares de nos bruyères actuelles.

En renouvellant ainsi son paturage, la commune pourrait

en outre retirer une partie de ses avances en mettant en adjudication la première pousse : ce serait dommage de livrer celle-là au bétail commun, surtout à une époque où le paturage ne manque pas.

Si les communes se formaient, au bout d'un certain nombre d'années, 12 à 20 hectares ainsi amendés, elles auraient une ressource immense pour le paturage.

Rien n'est plus facile cependant : d'abord, que chaque localité choisisse le terrain le plus favorable — ce serait surprenant si, dans chaque section, on ne pouvait trouver 12 à 20 hectares pour recevoir cette destination — Ensuite, pour les frais, l'entretien, le renouvellement etc., on appliquerait une partie du prix de l'aliénation, ou on aurait recours à la cotisation personnelle suivant les bases adoptées pour les chemins vicinaux.

2° Le système des irrigations devrait être appliqué aux terrains, qui en offrent la possibilité. Les rivières, ruisseaux et sources ou fontaines sont abondants dans le Luxembourg, même sur ses montagnes — on devrait les utiliser — trop souvent, il est vrai, ces eaux, et surtout celles qui proviennent des forêts ou fanges, ne renferment point cette qualité, qui contribue puissamment à la production — mais, il paraît qu'en général les eaux contenues dans un étang ou un réservoir s'amendent, acquièrent cette qualité nutritive — S'il en est ainsi, pourquoi ne pas recourir à ce moyen, qui ne nécessiterait que peu ou point d'entretien.

3° Les clôtures élevées produisent des résultats surprenants — leur abri protége au loin le sol, et le défend contre les vents desséchants, les froids excessifs —Les particuliers, qui toujours comprennent parfaitement leurs intérêts, conservent ces clôtures avec soin, et préfèrent acheter leur bois de consommation, plutôt que de les compromettre ou détruire. En divisant le paturage par des clôtures soit de hêtre ou autre essence, soit de melezes ou autres sapins, les communes amélioreraient ce paturage, et trouveraient un jour un revenu important dans ces plantations.

4° Dans nos Ardennes, les fortes gelées soulèvent la superficie de la terre, trop meuble; déracinent les gazons peu enfoncés, et, ne tenant plus au sol que par quelques légers filaments, la moindre ardeur du soleil les déssèche, et les fait périr — on devrait se servir d'un rouleau pesant, pour rendre de la consistance au sol et à ce gazon — cette opération, peu couteuse, produirait les meilleurs résultats.

Il ne suffit point de donner des conseils aux communes — on doit leur en imposer l'exécution — la surveiller avec soin, dès qu'on est convaincu que leur propre intérêt l'exige. Le meilleur moyen serait le refus ou la suspension de tout subside, tant et aussi longtemps que cette exécution n'aurait point eu lieu.

§ X.

EXISTE-T-IL D'AUTRES MOYENS ENCORE POUR AMENER LE DÉFRICHEMENT ?

Si l'on parvient à organiser les moyens, que j'ai indiqués, on ira déjà loin.... une immense amélioration ne tardera point à se développer, à s'étendre sur toutes nos landes — Le progrès marchera rapidement, dès qu'il sera entrevu, constaté — Le succès reconnu se propagera — L'augmentation de valeur, et, avec elle, les bénéfices provoqueront des nouveaux soins, des nouveaux efforts — Mais, il faut bien l'avouer, les difficultés sont telles, qu'eu égard à l'importance du grand but, qu'on veut atteindre, on doit recourir à toutes les mesures, qui y conduisent plus ou moins directement.

Examinons les rapidement :

1° Les routes et communications favoriseront, à un haut degré, le défrichement — Celles, créées depuis 1830, le facilitent déjà, et produiront les plus heureux résultats, même sous le rapport de l'acquisition de ces terrains — Ces routes sont néanmoins insuffisantes, et il sera nécessaire de les compléter — Le Luxembourg comprend une étendue territoriale, bien supérieure à celle des autres provinces — Un grand nombre de cantons ne possède pas encore la moindre communication — Comment serait-il possible d'y entreprendre le défrichement avec succès? Dans le Luxembourg aussi, des routes dites agricoles, n'ont pas encore été construites — On s'est borné aux routes, qui offraient un intérêt plus général — Il faudra maintenant chercher à mettre ces cantons, évidemment lésés, en relation soit avec les communications existantes, soit avec les localités qui peuvent leur fournir la chaux — Dans l'arrondissement de Marche, que je connais plus particulièrement, il en est une qui est indispensable, sous le rapport agricole, commercial, judiciaire et administratif, c'est celle de Hotton se dirigeant vers les ardoisières de Vielsalm par Manhé en traversant le canton d'Erezée — Des communes de ce canton s'étaient imposées des sacrifices extraordinaires, s'élevant à plus de 40,000 frs. — Un subside aussi considérable doit être accepté. — Le Conseil provincial avait réservé pour cet objet, sans application spéciale, l'ancien encaisse provincial, qui est ou doit bientôt rentrer, même avec intérêt — Le gouvernement devrait donc aussi intervenir — Quant à la route de Marche, qui, à Barveaux, forme une impasse à franchir son importance n'a jamais été contestée, et il paraît enfin, qu'on ne tardera point de la prolonger jusqu'à Aywaille.

Les fonds, accordés à la voierie vicinale par la législature, produiront les plus heureux résultats : Une grande partie du Luxembourg peut servir de modèle, et s'est donné déjà un réseau de chemins vicinaux, supérieurement conditionnés — Les communes en retard ont été arrêtées, surtout par le défaut de ressources. — On doit venir à leur secours — La province qui ne peut pourvoir à ses dépenses qu'en votant des centimes additionnels trop élevés, ne peut guère intervenir — Mais les subsides du gouvernement sauront provoquer, de la part des communes, des impositions exceptionnelles — Elles sauront comprendre que ces chemins, si utiles, seront créés dans leur propre intérêt, et sur leur territoire.

Le Conseil provincial du Luxembourg a soulevé, dans sa session de 1845, une question importante, celle de savoir s'il n'était point préférable d'appliquer aux chemins vicinaux de grande communication des sommes destinées aux routes provinciales — Après un examen approfondi, une discussion prolongée, des moyens développés de part et d'autre avec talent, le Conseil a décidé l'affirmative — Je crois que cette décision est équitable et utile : d'autres provinces pourraient aussi examiner cette question — Si leurs ressources leur permettent de continuer la construction des routes provinciales, ne serait-il pas au moins nécessaire de les restreindre dans l'intérêt de certains cantons qui, par leur position, sont privés des communications, dont les autres jouissent —Ces cantons exclus ont contribué aux dépenses générales — Ne serait-il pas juste de reporter sur ces cantons une partie de ce fonds spécial, afin qu'ils puissent se construire des chemins vicinaux de grande communication, les seuls qu'ils puissent être appelés à posséder....

2° Dans le Luxembourg, la chaux est un engrais, un amendement de première nécessité—c'est là un fait patent, notoire — L'exemption du droit de barrière, pour son transport, a puissamment contribué au progrès de l'Agriculture — Outre les communications, n'existerait-il aucun moyen pour en favoriser l'emploi? c'est ce qu'il faudrait rechercher avec soin — La solution exécutable de cette question serait une garantie du défrichement pour tous les terrains destinés à la culture, et changerait, en peu de temps, la position entière de notre province — Voici mon opinion sur ce point important :

Le Luxembourg compte 192 communes — La législature

en accordant à chaque commune un subside annuel de 150 francs, destinés à l'achat de la chaux, ne voterait qu'une somme de 28.800 frs. — En défalquant les communes, qui possèdent la chaux, ou qui se trouvent dans un rayon rapproché, on pourrait augmenter ce subside pour celles qui se composent de plusieurs sections — Ce subside ne serait accordé qu'à condition que chaque commune voterait au moins une somme égale pour la même destination — Avec ce fonds spécial, plusieurs communes réunies ou formant un canton auraient en outre recours au mode de soumission, à la concurrence, pour déterminer à l'avance le prix de la mesure de chaux pour toute la quantité, qui serait employée à l'Agriculture. — Ce fonds serait appliqué, d'une manière générale, à diminuer le prix de la chaux livrée — ou, pour ne point accorder une espèce de privilége aux grands propriétaires, peut-être conviendrait-il de fixer un *maximum* auquel ce fond spécial cesserait d'être applicable — Avec cette concurrence, et, eu égard à la quantité, ce prix serait diminué très-sensiblement — On pourrait ainsi arriver à ce résultat que le prix serait, pour chaque habitant, diminué de plus de moitié.— Je suppose qu'une commune achète chaque année, de la chaux pour une somme de 900 francs — Certes ce serait beaucoup — Au moyen du subside, le prix serait déjà inférieur d'un tiers — Avec le mode de soumission, il sera bien moindre encore — La chaux ne demande d'autres frais que la construction, grossière et peu couteuse, d'un four — Un peu de houille — quelques ouvriers ; les pierres sont sur les lieux — La diminution ne fut-elle que d'un tiers, oh ! alors, je le garantis, nos habitants emploieront la chaux, iront la chercher à une distance de dix et douze lieues. L'Ardenne se couvrira de riches et abondantes récoltes.... Les landes, susceptibles de culture, disparaitront.... L'aisance s'y montrera, enfin !!... nos indigents deviendront des propriétaires en pouvant ainsi donner de la valeur au lot, qui leur sera accordé en partage, à condition du défrichement...

Qu'on vote donc ce subside, et les communes voteront le leur avec reconnaissance — Le prix de l'aliénation de leurs biens pourrait même y être appliqué en partie.

La législature doit vouloir sérieusement le défrichement — En présence de tels résultats, qui ne sont point contestables, elle ne doit point hésiter à intervenir — La somme est modique — Les droits du trésor sur le prix de l'aliénation la rembourseront, et bien au delà, immédiatement à l'état — et les mutations — et la valeur accordée aux propriétés — et toutes les conséquences du défrichement, et de l'augmentation des produits etc.....

Loin de moi la prétention que la mesure, que j'indique, soit la meilleure et qu'elle ne dut point être modifiée —

Qu'on en adopte telle ou telle autre, peu m'importe – j'applaudirai à toutes les mesures, qui pourront favoriser et provoquer l'emploi de la chaux, sur la plus large échelle, et le plus efficacement possible.

On a proposé d'opérer, aux frais ou avec l'intervention du gouvernement, des dépôts de chaux dans chaque canton ou dans les localités principales du Luxembourg, où cet engrais manque : cette mesure serait trop couteuse et inexécutable — Le gouvernement ne peut être appelé à organiser un service de voitures, et d'agens, destinés à colporter la chaux dans une province — Dans quelle proportion se ferait la distribution... serait-ce gratuitement... avec remboursement immédiat du prix.... à titre d'avances et avec crédit.... sous quelles garanties... et puis, a-t-on calculé à quels frais énormes s'élèverait la livraison de cette chaux, dans des contrées éloignées, à travers des chemins impraticables, et pour toute une province....

Je n'en dirai pas davantage : ce sont là des impossibilités qui, proposées néanmoins, démontrent l'importance de la chaux et la nécessité d'adopter des mesures efficaces pour la procurer.

3º Outre les abris et clotures, dont j'ai déjà parlé, et dont je conseillerais l'emploi de la manière la plus générale, il est constant que les progrès et améliorations qu'on a fait subir aux instruments d'agriculture, ne se sont pas encore introduits dans le Luxembourg — Les charrues et autres attirails, dont on se sert, ont été inventés et mis en usage depuis des siècles — on n'a pas été et on n'ira point les étudier et se les procurer au loin — si tels ou tels instruments sont jugés supérieurs, on doit les mettre à la portée, à la disposition de nos habitants, afin qu'ils puissent les voir, les essayer, en reconnaître la bonté..... alors seulement, ils pourront se décider à les adopter.

Le gouvernement pourrait donc en faire opérer le dépôt dans les cantons, et en provoquer l'emploi.

4° L'agriculture est peu favorisée, sous quelque point de vue qu'on l'examine — dans les cas d'urgence et de force majeure, c'est elle néanmoins qu'on atteint, en frappant les propriétés — Des mesures paraissent devoir être prises pour lui accorder le rang, auquel elle a droit, et pousser au progrès — on ne cultive et on n'exploite, en général, que machinalement et avec une espèce d'insouciance — on ne devient plus cultivateur que par nécessité — Il faut rehausser une occupation aussi importante, qui tend à l'augmentation de la richesse publique et particulière — Pour provoquer ce progrès et des améliorations, il faut répandre, faciliter, encourager l'instruction et les connaissances agricoles, en d'autres termes, établir des écoles théoriques et pratiques.

Comment sont représentés, en Belgique, les intérêts agricoles? Par une commission, composée de quelques grands propriétaires et de personnes, qui se distinguent par la spécialité de leurs connaissances en économie rurale — Ces commissions d'agriculture doivent avouer leur impuissance pour jetter dans une province, les bases de changements, et d'améliorations notables — Nonobstant leur zèle, et des efforts louables, elles sont réduites à se suffire à elles-mêmes, à tenter quelques essais très-limités, quelques expérimentations dans le coin d'un jardin, enfin à examiner des questions, dont la discussion n'est même pas rendue publique — On doit, ce me semble, recourir à des mesures plus larges et plus efficaces.

Dans les universités et nos écoles spéciales, ne pourrait-on pas combiner des cours, de manière à accorder plus d'extension à l'enseignement agricole? La chose paraît facile, mais on devrait en outre y attirer des élèves par des subsides suffisants, qui seraient mis à leur disposition — Il faut un effort, et un effort sérieux, pour détruire l'espèce de dédain injuste, qui s'attache à l'agriculture — On pourrait aussi récompenser les élèves recommandables, en leur faisant visiter à l'étranger, et aux frais du gouvernement, les principaux établissements agricoles — ils rapporteraient, en Belgique, des lumières, des connaissances, qui porteraient d'heureux fruits — on sait distinguer à l'instant les propriétés, dirigées par ceux qui sont allés, en Allemagne, se livrer aux études agronomiques; celles-là sont mieux cultivées, mieux exploitées, et de là plus productives — on ne considérerait ces connaissances que sous le point de vue de l'intérêt particulier, qu'encore il est étonnant que des fils de nos grands propriétaires ne s'y adonnent point par spéculation; au moyen de la science, et par des soins bien appliqués, ils parviendraient à donner à leurs domaines, et en peu d'années, une augmentation de valeur considérable — Il n'est point difficile d'indiquer des propriétés qui, par des plantations, des procédés employés avec sagacité, des améliorations enfin, n'ont point tardé à obtenir une valeur supérieure de 40 à 50,000 francs—De semblables résultats ne sont point à dédaigner, et cependant, on ne veut rien faire pour chercher à les atteindre.

Quant aux fils des fermiers et, à ceux de nos cultivateurs, qui ne peuvent aller au loin chercher des connaissances indispensables, on doit placer à leur portée des écoles théoriques et pratiques, en les limitant aux seules notions, qu'il est essentiel de savoir — Je voudrais en conséquence que le gouvernement fit dresser un aperçu très-restreint des notions principales, que chaque cultivateur ou journalier doit *nécessairement* posséder pour cette profession — que ce commentaire agricole fut appris, expliqué dans chaque école communale — qu'il fut distribué et répandu un catalogue des meilleurs fruits — qu'on apprit en outre à greffer, écussonner, en indiquant les sujets à choisir, les époques utiles pour ces opérations, la manière et les soins exigés pour planter avec succès, le sol qui convient et les précautions à employer selon la nature de ce sol, etc. La carte géologique dressée par l'honorable M. Dumont, servirait de guide pour reconnaître et apprécier la nature du sol dans chaque commune en particulier.

Nos jeunes campagnards comprendront plus facilement toutes ces notions, que les explications de leur grammaire — Les instituteurs pourraient eux-mêmes les acquérir dans les écoles normales, où un cours spécial serait établi.

Par ces moyens non couteux et faciles à organiser, on répandrait des connaissances agricoles au milieu d'une jeunesse, dont plus du 9/10e, est destiné à devenir et à rester propriétaire, cultivateur, ou journalier — on fixerait son attention sur les améliorations diverses, et ses avantages, sur le droit de propriété, et le respect qu'on lui doit — Celui qui veut se livrer au moindre métier doit faire un apprentissage; pourquoi le cultivateur serait-il donc le seul qu'on dut abandonner à lui même? Cette profession n'est-elle pas assez importante, ou est-elle facile au point qu'il puisse suffire d'avoir des yeux et des bras — Les propriétaires, qui font cultiver ou planter, peuvent attester que les bons cultivateurs et les journaliers intelligents sont rares, très-rares — Si, dans ces écoles communales, on ne procure pas ces notions, jamais ces jeunes gens ne les posséderont — En quittant ces écoles, ils sont jettés au milieu du sol, qu'ils exploitent tant mal que bien, au hasard, sans direction — Il ne doit point en être ainsi.

Les administrations communales se prêteraient volontiers à accorder un terrain pour le livrer à ces essais, et élever des pépinières — L'instituteur serait secondé par le clergé et les inspecteurs cantonnaux.

Parmi les nombreux avantages, qui découleraient de cet enseignement agricole, l'établissement des pépinières dans chaque commune ne serait pas le moindre : ces arbres, élevés sur le même sol, seraient replantés et cultivés avec succès — Le goût des plantations est éteint ou n'a jamais existé dans un trop grand nombre de communes — Utiles, avantageuses, ces plantations doivent être favorisées— Qu'y a-t-il de plus triste, je dirai même, de plus misérable, que ces nombreux villages, où vous n'en apercevez point la moindre trace ces villages paraissent abandonnés, non habités.

Des essais de plantations ont trop souvent échoué — quelle en est la cause? On achetait des arbres, élevés sur un sol et dans une température meilleurs — on y forçait la végétation par des engrais et des moyens factices — ils étaient transportés sans soin; leurs racines avaient été exposées à l'air, à la gelée — on ne plantait que des arbres morts déjà ou mourants.

Il existe une autre classe, qui ne va pas et qui n'ira plus à l'école, c'est celle des propriétaires et cultivateurs, qui se livrent à l'agriculture pour eux-mêmes, ou pour autrui; à ceux-là, il faut une ferme-modèle, placée dans un point central des bruyères, dans une localité, très-accessible par ses communications, au milieu d'un sol, dont la qualité soit en rapport avec celle de la province en général — La ville de St-Hubert offre, pour le Luxembourg, les avantages désirables; la chaux se trouve aussi dans un rayon très-rapproché, à Bure et à Grupont — La route de Rochefort à St-Hubert en facilite le transport — On pourra ainsi se livrer à tous les essais jugés utiles.

A cette ferme-modèle, on devrait joindre une école agricole; on doit pouvoir indiquer, et expliquer les procédés, leurs causes, leurs effets — On ne peut diriger une ferme-modèle, au hasard, en recourant à des expérimentations, non justifiées par des raisonnements solides, ou n'offrant qu'une réussite trop problématique — Le directeur de cette ferme, et ceux qui lui seront adjoints, doivent offrir des garanties de capacités : en ce cas, ils pourront enseigner, et l'adjonction de cette école n'augmentera point la dépense.

La ville de St-Hubert a fait des offres très-acceptables : elle est gratuitement à la disposition du gouvernement *tous les terrains nécessaires* pour fonder cet établissement — Le conseil provincial du Luxembourg, qui y attachait le plus grand intérêt, a chargé la députation permanente de faire les démarches les plus instantes et les plus actives — A la séance du conseil provincial du 11 juillet 1843, appuyant cette proposition, je disais : « Les essais sont plus difficiles dans le Luxembourg que partout ailleurs, à cause de l'absence de ressources et de capitaux — Dans la position de nos cultivateurs, le doute suffit pour n'oser rien entreprendre de nouveau — Il faut un effort, et un effort puissant, pour détruire les préjugés, la routine, y substituer l'amélioration, l'indiquer, la prouver par des résultats que chacun puisse controler et voir. Une condition essentielle pour y parvenir, c'est un établissement dans une localité de la province, dont le sol offre l'avantage d'être, en qualité, égal ou moindre, en le comparant avec le sol ordinaire et le plus général que l'on remarque dans la province, et que l'on veut améliorer. »

Les Etablissements des autres provinces n'offrent aucun intérêt pour nous ; les essais même dans tel ou tel coin du Luxembourg resteront toujours limités à la localité et ne produiront aucun résultat général ; Pourquoi ? parcequ'on n'ira pas voir et que l'on se dira : ces essais ont été pratiqués sur un sol, qui ne ressemble pas au nôtre — Il faut donc que le choix du lieu de cet établissement prouve que la qualité du terrain permet d'obtenir partout les mêmes résultats au moyen des mêmes procédés ; il faut aussi que ce lieu soit placé, plus ou moins, au centre de la masse des terrains, que l'on veut changer, afin que chacun puisse voir, de ses propres yeux, comparer, suivre les expériences etc.... »

« La ville de St-Hubert, selon moi, présente tous ces avantages essentiels et doit mériter la préférence ; sa position est la meilleure, son sol est égal ou même moindre, en qualité, à celui de la plus grande partie — Les succès et les revers profiteront également et serviront de guide — Il y a plus : cet établissement pourra se lier avec le pénitenciaire, en ce sens toutefois qu'on pourra, avec ces jeunes délinquants, former des bons cultivateurs, qui sont rares, tout en y appliquant le fruit de leur travail ; on leur procurerait ainsi des moyens d'existence, aussi assurés que s'ils connaissaient un métier — On économiserait les frais qu'occasionnerait l'emploi d'autres bras et on répandrait au loin le produit de l'expérience, qu'ils auraient acquise. »

On doit enfin invoquer l'appui de la science, et de l'expérience pratique, pour servir de direction aux efforts de nos cultivateurs. »

Je n'ajouterai rien à cette question : les honorables conseillers provinciaux, MM. Sohier et Castilhon, ont, le premier, comme auteur de la proposition, le second, comme rapporteur, développé avec talent tous les moyens, qui militent en faveur de cet établissement, destiné à aider puissamment l'introduction des progrès, et des améliorations agricoles dans le Luxembourg.

Dans les vastes bruyères de la Campine, on trouvera facilement aussi une localité, plus ou moins centrale, où une ferme-modèle sera établie avec succès.

Sauf quelques observations spéciales, les considérations émises s'appliqueront, si elles sont fondées, à la Campine et aux autres contrées de bruyères, avec autant de raison qu'au Luxembourg: tous les pays de bruyères ont le même intérêt à faire prévaloir; leurs droits sont confondus, et les mêmes mesures doivent être invoquées, dès qu'elles tendent à provoquer et à assurer le défrichement. Pour la question pratique seulement, les moyens peuvent différer, mais chacun saura reconnaître, dès qu'il sera devenu propriétaire, le parti, qu'il doit tirer de ces terrains: on peut alors s'en rapporter à l'intérêt privé.

En terminant je n'ai qu'un regret, c'est que cet essai, nonobstant mes efforts, soit trop incomplet.... je n'ai eu qu'un désir, celui de payer un trop faible tribut à une province, où je suis né — et qui possédera toujours toutes mes sympathies.

Procureur du roi à Marche pendant treize années, j'ai vu aussi de bien près, les privations inouies que les habitants du Luxembourg s'imposaient — J'ai tâché, dans les mesures que j'ai l'honneur d'indiquer, de ménager les droits de ces habitants, tout en les conciliant avec les autres intérêts, qui se trouvent en présence — Je pense que le défrichement, sagement organisé, surtout avec l'emploi des moyens qui doivent le procurer, ouvrira une ère nouvelle pour le Luxembourg — que le travail, des capitaux, des relations diverses, enfin une augmentation de richesse, doivent en être la conséquence— Plut à Dieu que ces prévisions se réalisent !!....

Si, au défrichement, on pouvait joindre 1° l'entrée du bétail en France en payant les droits, non par tête, mais au poids ou selon la valeur; 2° provoquer et répandre des industries particulières : alors le Luxembourg n'aurait rien à envier aux autres provinces.

Je sais que le gouvernement n'a cessé de faire des efforts pour obtenir une base plus équitable pour l'entrée du bétail en France — Espérons que bientôt ces efforts seront couronnés de succès!!

Quant à ces industries particulières, l'absence de capitaux dans leLuxembourg les rend plus indispensables que partout ailleurs — La difficulté consiste à indiquer un travail, proportionné aux ressources, aux connaissances et en rapport avec la matière première, que cette province possède— Que l'on prenne pour exemple les habitants de la Forêt noire, qui, jettés sur un sol, placés dans une position à peu près identique, savent tirer parti de tout, se créer des industries et un commerce lucratifs, dont les produits sont répandus au loin.

Dans quelques localités du Luxembourg, on se livre à des industries, qui contribuent puissamment à leur procurer des moyens d'existence : à Marche, et dans des communes avoisinantes, on fabrique la dentelle à la main — Dès l'âge de cinq à six ans, des enfants font leur apprentissage, et à 9 ou 10 ans, ils peuvent produire chaque jour pour 30 à 50 centimes. Le débit à des négociants, qui livrent en échange les objets de première nécessité, n'a cependant qu'une valeur très-restreinte, parce qu'ils fixent le prix de l'achat et des objets échangés à un taux tel que leur bénéfice est énorme, au grand détriment des producteurs ; ceux-ci y trouvent néanmoins les seules ressources de toute une famille — Cette fabrication est remarquable par sa beauté, sa solidité et son bas prix — On donne à ces dentelles un dessin et une largeur de choix — Puissent nos dames bienfaisantes s'en orner, et leur donner la préférence sur les productions étrangères! Cette fabrication facile peut se répandre rapidement et sans frais — Le gouvernement devrait la favoriser et la protéger.

A Nassogne, on fabrique une masse d'objets en bois, expédiés dans l'intérieur du royaume et surtout en Hollande — Ce commerce est très-important — Que d'autres localités s'y livrent donc aussi!

Ce serait un résultat immense pour le Luxembourg, si des bras vigoureux, employés à la culture et aux moyens d'élever et d'augmenter le bétail, étaient en outre appliqués à une industrie lucrative, pendant ces hivers longs et rigoureux; si, aidés par les efforts de la jeune famille, ils pouvaient acquérir des capitaux, qui recevraient une destination utile.

Que le gouvernement daigne donc améliorer la position du Luxembourg, même sous ces rapports.

Mai 1844.

PIÈCE N° 2.

ORDONNANCE

DE

L'IMPÉRATRICE-DOUAIRIÈRE ET REINE,

DU 25 JUIN 1772

Concernant le défrichement des bruyères et autres terrains inclus en Brabant.

MARIE-THÉRÈSE, par la grâce de Dieu, Impératrice-Douairière des Romains, Reine d'Allemagne, de Hongrie, de Bohême, de Dalmatie, de Croacie, d'Esclavonie, etc., Archiduchesse d'Autriche, Duchesse de Bourgogne, de Lothier, de Brabant, de Limbourg, de Luxembourg, de Gueldre, de Milan, de Stirie, de Carenthie, de Carniole, de Manthoue, de Parme et de Plaisance, de Wirtemberg et de la haute et basse Silésie, etc.; Princesse de Suabe et de Transilvanie; Marquise du St.-Empire-Romain, de Burgovie, de Moravie, de la haute et basse Lusace; Comtesse de Habspourg, de

Flandre, d'Artois, de Tirol, de Hainaut, de Namur, de Ferrete, de Kybourg, de Gorice et de Gradisca ; Landgrave d'Alsace ; Dame de la Marche, d'Esclavonie, du Port-Maon, de Salems et de Malines ; Duchesse de Lorraine et de Bar ; Grande-Duchesse de Toscane ;

Les États de notre province de Brabant, Nous ayant représenté qu'il se trouverait dans la même province et notamment dans la Campine, une quantité considérable de bruyères, communes et autres terrains incultes, qu'il importerait infiniment au bien de la chose publique de faire défricher, en accordant à cette fin certaines exemptions à ceux qui voudraient en entreprendre le défrichement, en leur facilitant le moyen de les acquérir ; Nous, par un effet de notre sollicitude pour le bien et l'avantage de nos fidèles sujets, avons, de l'avis de notre Conseil, ordonné en Brabant, et à la délibération de Notre très-cher et très-aimé Beau-frère et cousin, Charles-Alexandre Duc de Lorraine et de Bar, Grand-Maître de l'Ordre Teutonique, Notre Lieutenant, Gouverneur et Capitaine-général des Pays-Bas, trouvé convenir de régler et statuer les points et articles suivants :

Article I. Tous ceux qui entreprendront le défrichement de quelques bruyères, communes, terres vagues ou incultes, jouiront, pendant trente années consécutives, sur les fonds qu'ils auront défrichés pour les réduire en bois ou en terres labourables, de l'exemption de toutes les charges publiques, et pendant un autre pareil terme, de l'exemption de la moitié des mêmes charges.

Article II. Ils jouiront aussi sur les fonds qu'ils auront défrichés de l'exemption de la dîme pendant trente années et pendant trente autres années de l'exemption de la moitié.

Article III. Nous prenons sous notre protection particulière tous les terrains dont on aura entrepris le défrichement, et tous ceux qui y commettront quelque dégât ou dégradation, seront punis du double de l'amende ordinaire.

Article IV. Pour accélérer le défrichement des bruyères, communes ou autres terrains vagues et incultes, nous avons autorisé, ainsi que nous autorisons toutes les communautés ou autres corps, soit ecclésiastiques ou séculiers qui en possèdent, à les vendre, soit en masse ou par parties, après avoir au préalable présenté à l'agrément de notre Conseiller fiscal de Brabant les conditions de la vente; à quel effet notre présente ordonnance leur servira d'octroi général.

Article V. Les deniers qui proviendront de ces ventes, seront employés par préférence au remboursement des capitaux dont ces communautés pourraient être chargées, et au cas qu'il n'y eût pas de remboursement à faire ou qu'il y aurait des deniers excédens, les deniers seront employés au profit des communautés, en acquisition de rentes sur de bonnes hypothèques; et avant de faire cet emploi, les Régens de ces mêmes communautés devront au préalable en informer les Députés des États, afin que ceux-ci puissent, s'ils le trouvent convenir, recevoir ces deniers à cours de rente à charge de la même province.

Article VI. L'emploi des deniers étant fait, les mêmes Régens devront en faire conster à notre Conseiller fiscal de Brabant dans le terme de quinze jours, à compter de celui que l'emploi aura été effectué.

Article VII. S'il arrivait que les communautés n'eussent pas vendu leurs bruières, communes ou autres terrains incultes dans le terme de six mois, elles seront tenues de les aliéner sous estimation à ceux qui se présenteront pour les acquérir.

Article VIII. Cette estimation se fera aux frais de ceux qui voudront les acquérir par trois experts à choisir entre les plus notables censiers des villages les plus voisins, dont l'un sera au choix de la communauté, le deuxième de celui qui voudra acquérir, lesquels deux experts en choisiront un troisième.

Article IX. Notre Chancelier de Brabant nommera quatre commissaires, dont chacun aura pour département un des quartiers de la province.

Article X. Si les communautés refusaient ou différaient de nommer l'expert mentionné article VIII, le commissaire du quartier où le terrain sera situé, fera cette dénomination d'office.

Article XI. L'estimation étant faite, il sera libre à l'acquéreur des terrains à défricher d'en acquérir le prix en deniers comptants, ou bien d'en payer l'intérêt à trois pour cent en rente rédimible, ou d'en payer un cens irrédimible au centième denier; pour sûreté desquels cens ou rentes, la partie de bruières ou de terrains incultes qui aura fait l'objet de l'estimation, servira d'hypothèque, sans que l'acquéreur soit tenu d'en donner d'autres.

Article XII. Pour que l'acquéreur n'abuse point de cette liberté, il sera tenu dans le terme d'un mois à compter du jour que l'estimation aura été faite, de comparaître devant les gens de loi du lieu de la situation des bruières ou communes qu'il voudra défricher, pour y déclarer sur quel pied il est d'intention d'acquitter le prix de son acquisition, à peine que ce terme écoulé, le prix en sera acquitté en deniers comptants.

Article XIII. Cette déclaration étant faite, les mêmes gens de loi devront lui en donner acte, qu'il présentera à ceux de la communauté, et selon lequel ils seront tenus de lui faire cession en forme, de la partie de bruière ou commune dont l'estimation aura été faite.

ARTICLE XIV. En cas de refus de la part de la communauté de faire cette cession, le prix de l'estimation, si l'acquisition se fait en deniers comptants, devra être consigné sous les mêmes gens de loi, qui en dépêcheront acte de consignation en vertu duquel l'acquéreur sera fondé à se faire adhériter.

ARTICLE XV. Le seul acte des gens de loi servira aussi dans le même cas de refus de la communauté, pour se faire adhériter, lorsque l'acquisition se fera à titre de cens ou de rente.

ARTICLE XVI. Tous ceux qui acquerront quelques parties de bruières, communes ou des fonds incultes pour défricher, seront tenus d'en faire le défrichement, chaque année, à proportion d'un dixième, à peine que la communauté, en cas de défaut, pourra se ressaisir de tout le terrain inculte, et que la vente sera pour ce seul défaut résolue et considérée comme non avenue ; en quel cas de résolution de la vente, la communauté, si le prix en a été payé en deniers comptants, satisfera en restituant à l'acquéreur les deniers du prix, à proportion de la consistance des fonds incultes dont elle se sera ressaisie.

ARTICLE XVII. S'il arrivait que l'acquéreur, après avoir défriché quelque terrain, viendrait à en abandonner la culture pendant trois années, la vente en sera également résolue, et la communauté en droit de se ressaisir des fonds ainsi abandonnés, en restituant à l'acquéreur le prix de la vente, sans être tenu vers lui à autre désintéressement.

Article XVIII. Pour que l'on soit exactement informé du temps de défrichement, ainsi que de l'étendue des terrains que l'on défrichera successivement, nous voulons que tous ceux qui entreprendront quelque défrichement, se présentent, à la fin de chaque année, aux gens de loi du lieu de la situation, pour déclarer la quantité de terrain qu'ils auront défriché, de laquelle déclaration se tiendra note dans un registre que les gens de loi se procureront à cet effet, dont il sera libre à chacun de prendre inspection.

Article XIX. S'il se présentait plusieurs personnes pour faire l'acquisition d'une partie des communes ou bruières, celle qui offrira le plus en sus de l'estimation des experts, aura la préférence.

Article XX. Au cas qu'il y ait quelque dispute ou contestation au sujet de la propriété des communes, bruières ou terrains incultes, ou pour savoir entre qui le prix en devra être partagé, ceux qui voudront les acquérir pour en faire le défrichement ne devront pas attendre la fin de ces contestations, mais passeront outre parmi consignant au profit de ceux qui pourront y avoir droit, les deniers au greffe de la ville ou village sous lequel ces terrains ressortissent.

Article XXI. Il en sera de même, lorsque ces fonds auront été arrentés ou accencés, parmi aussi que l'acquéreur paie la rente ou le cens à qui il pourra appartenir.

Article XXII. Dans le même cas de contestation sur la propriété, les gens de loi du lieu de la situation choisiront un des experts, pour procéder à l'estimation, et s'ils refusaient ou délaiaient de le dénommer, le commissaire du quartier le dénommera d'office.

Article XXIII. Quant aux bruières, communes ou autres terrains incultes, où les communautés ont le droit de pâturage ou la disposition du gazon, et le Seigneur le droit de planti, le prix en appartiendra pour un quart au Seigneur et pour les trois autres quarts à la communauté, et il en sera de même à l'égard des cens et rentes dans le cas d'arrentement et d'accentement des terrains à défricher, desquels cens et rentes, un quart compétera au Seigneur et les trois autres quarts à la communauté.

Article XXIV. Nous n'entendons cependant pas préjudicier en quoi que ce soit aux droits seigneuriaux qui pourraient compéter aux Seigneurs respectifs sur les communes, bruières ou terrains vagues, soit à titre de lots et vente, de cens ou de toute autre prestation.

Article XXV. Comme il importe également au bien de

la chose publique, que les fonds incultes appartenans à des corps ecclésiastiques ou des particuliers, soient aussi défrichés, nous voulons que les mêmes règles que nous avons statuées relativement aux terrains incultes appartenans à des communautés, soient suivies à leur égard ; sauf cependant que les corps ecclésiastiques, ou les particuliers qui voudront défricher ces terrains incultes, pourront faire ces défrichemens ; à quel effet ils devront dans le terme de six mois, à compter du jour de la publication de la présente ordonnance, signifier par écrit aux gens de loi du lieu de la situation, qu'ils sont d'intention de faire ce défrichement, lequel ils seront tenus d'effectuer dans le terme d'un an à commencer à l'expiration des six mois prétouchés, savoir à proportion d'un dixième, lorsque les fonds à défricher n'excéderont pas la quantité de cinquante bonniers.

Article XXVI. En cas que le nombre de bonniers excède celui de cinquante, il suffira pour exclure tout étranger que l'on défriche cinq bonniers chaque année.

Article XXVII. Les gens de loi de qui ressortiront les bruières, communes ou terrains incultes et sur lesquels se trouvent des chemins, devront en faire la désignation aux frais des communautés respectives ; les faire mettre dans la largeur prescrite par le réglement, les diriger autant directement qu'il sera possible vers le village voisin, et les faire bomber et ridiguer des deux côtés pour les rendre plus praticables dans toutes les saisons.

Article XXVIII. Nous voulons qu'à l'égard de la décision des contestations, qui pourraient s'élever entre les propriétaires des terres incultes et les entrepreneurs des défrichemens, on suive la même marche et le même pied que celui qui a été établi et qui subsiste pour la décision des causes qui concernent les charges publiques, nommément pour le réglement du 12 août 1749.

Si donnons en mandement à nos très-chers et feaux les Chancelier et Gens de Notre Conseil de Brabant, et à tous autres nos Justiciers, Officiers et sujets à qui ce regardera, que cette notre présente ordonnance ils observent et entretiennent et la fassent exactement observer et entretenir, sans port, faveur ni dissimulation : car ainsi Nous plaît-il. En témoignage de quoi, nous avons fait mettre Notre grand Scel à ces présentes.

Donné en Notre ville de Bruxelles, le 25 juin de l'an de grâce 1772, et de Nos règnes le 32e. Était paraphé Crump. vt; plus bas était, par l'Impératrice-Douairière et Reine en son Conseil, signé E. De Robiano et y était appendu le grand Scel de Sa Majesté imprimé en cire rouge à double queue de parchemin.

ORDONNANCE ROYALE.

23 juin 1819.

Relative à la réintégration des Communes dans leurs droits sur les Biens Communaux usurpés.

Louis etc.

Sur ce qu'il nous a été représenté que l'intérêt des communes exigeait qu'il fût pris des mesures efficaces pour réprimer les usurpations et occupations irrégulières de leurs biens opérées sans titre ni autorisation quelconques ; que, les lois et décrets intervenus sur les partages des biens communaux ayant donné lieu à diverses interprétations et à des doutes sur la compétence des autorités judiciaires et administratives pour le jugement des difficultés relatives aux usurpations, l'avis du conseil d'état approuvé le 18 juin 1809 avait attribué le jugement des usurpations, toutes les fois qu'il s'agissait de l'intérêt d'une commune contre les usurpateurs, aux conseils de préfecture, déjà saisis de la connaissance de toutes les difficultés résultant des partages de biens communaux effectués en vertu ou par suite de la loi du 10 juin 1793; mais que les usurpateurs n'avaient été admis, ni par cet avis, ni par aucune disposition postérieure, au bénéfice de l'art. 3 de la loi du 9 ventôse an XII, qui maintient en possession, à certaines conditions, les détenteurs de biens communaux en vertu d'un partage dont il n'aurait pas été dressé acte; que dès-lors les usurpateurs, craignant de se voir dépossédés ou d'être contraints à tenir compte des fruits des portions de terrains par eux occupés depuis nombre d'années, avaient redoublé d'efforts pour dérober à l'administration la connaissance de leurs envahissemens; que, d'un autre côté, les administrations locales avaient mis peu d'activité dans la recherche des biens communaux ainsi envahis, et que cette négligence pouvait être attribuée à la crainte de réduire à une ruine certaine les usurpateurs contre lesquels elles auraient dirigé leurs poursuites, et avec lesquels elles n'étaient point autorisées à transiger, lors même que des dépenses de défrichement, de plantation, de clôture ou de construction, faites sur le terrain usurpé, semblaient commander quelques ménagemens.

A quoi voulant pourvoir :

Considérant qu'il est du plus grand intérêt pour les communes de notre royaume, de rentrer dans la jouissance de leurs biens communaux usurpés, ou d'en retirer une redevance annuelle qui, en ajoutant à leurs ressources actuelles, les indemnise des pertes qu'elles ont éprouvées depuis quelques années;

Que si l'attribution donnée précédemment aux conseils de préfecture pour juger en matière d'usurpation de biens communaux comme en matière de partage, assure aux communes les moyens de poursuivre sans frais leur réintégration dans tous leurs droits, il nous appartient de faciliter cette réintégration, en usant, au profit des communes, de la faculté résultant de la tutelle qui nous est déférée par les lois, et en les autorisant à transiger avec les usurpateurs à des conditions telles que ceux-ci soient amenés à légitimer leur possession par un sacrifice modéré, et que les autorités municipales n'aient plus de motifs pour tolérer l'envahissement des biens communaux :

Notre Conseil d'état entendu,

Nous avons ordonné et ordonnons ce qui suit :

Art. 1er. Les administrations locales s'occuperont, sans délai, de la recherche et de la reconnaissance des terrains usurpés sur les communes depuis la publication de la loi du 10 juin 1793, et généralement de tous les biens d'origine communale, actuellement en jouissance privée, dont l'occupation ne résulte d'aucun acte de concession ou de partage, écrit ou verbal, qui ait dessaisi la communauté de ses droits en faveur des détenteurs.

2. Chaque détenteur est tenu de faire, dans le délai de trois mois à compter de la publication de la présente ordonnance, au chef-lieu de sa commune, la déclaration des biens communaux dont il jouit sans droit ni autorisation. La dite déclaration, adressée au maire, indiquera l'origine de l'usurpation, la quotité, la situation et les limites des terrains usurpés, la nature de ces biens à l'époque de l'usurpation, et les améliorations, telles que défrichemens, plantations, clôtures et constructions, qu'ils auraient reçues depuis par le fait du déclarant.

3. Les détenteurs qui auront satisfait à cette obligation, pourront, sur la proposition du conseil municipal, et de l'avis du sous-préfet et du préfet, être maintenus en possession définitive des biens par eux déclarés, s'ils s'engagent, dans les mêmes délais, par soumissions écrites, chacun pour soi, à payer à la commune propriétaire les quatre cinquièmes de la valeur actuelle des dits biens, déduction faite de la plus-value résultant des améliorations, ou une redevance annuelle égale au vingtième du prix du fonds, ainsi évalué et réduit, à dire d'experts.

Ils auront droit, en outre, à la remise des fruits qui pourraient être exigés à compter du 1er vendémiaire an XIII, pour les usurpations antérieures à cette époque, conformément aux lois sur les biens communaux illégalement partagés.

4. Tout détenteur qui n'aurait pas rempli, dans les délais déterminés, les obligations et conditions prescrites par les précédentes dispositions, sera poursuivi à la diligence du maire, devant le conseil de préfecture, en restitution des terrains usurpés et des fruits exigibles.

Dans le cas où, par l'effet de ces poursuites, il demanderait à se rendre acquéreur des dits biens, l'aliénation ne pourra lui en être faite, le vœu et l'intérêt de la commune ne s'y opposant point, que moyennant le paiement de la valeur intégrale du fonds, sans aucune remise ni modération, et suivant toute la rigueur du droit commun.

5. Dans aucun cas, l'aliénation définitive des biens communaux usurpés ne pourra être consommée qu'en vertu de notre autorisation, et après que toutes les formalités applicables aux actes translatifs de la propriété communale auront été remplies.

6. Conformément aux dispositions de la loi du 9 ventôse an XII et de l'avis interprétatif du 18 juin 1809, les conseils de préfecture demeureront juges des contestations sur le

fait et l'étendue de l'usurpation; sauf le cas où, le détenteur niant l'usurpation et se prétendant propriétaire à tout autre titre qu'en vertu d'un partage, il s'élèverait des questions de propriété pour lesquelles les parties auraient à se pourvoir devant les tribunaux, après s'y être fait autoriser, s'il y a lieu, par les conseils de préfecture.

TABLE DES MATIÈRES.

www.ingramcontent.com/pod-product-compliance
Ingram Content Group UK Ltd.
Pitfield, Milton Keynes, MK11 3LW, UK
UKHW020918180726
13838UKWH00002B/630

9 782329 432472